Sebastian Niggemeier

Pädagogische und technische Herausforderungen zur Einrichtung virtueller Schulungsumgebungen
Realisierung und Bewertung

Diplomica® Verlag GmbH

Niggemeier, Sebastian: Pädagogische und technische Herausforderungen zur Einrichtung virtueller Schulungsumgebungen. Realisierung und Bewertung, Hamburg, Diplomica Verlag GmbH 2011
Originaltitel der Abschlussarbeit: Realisierung und Bewertung eines Lehrer-/Schülermodells in der IT-Ausbildung unter Verwendung virtueller Maschinenarchitektur

ISBN: 978-3-86341-040-7
Druck Diplomica® Verlag GmbH, Hamburg, 2011
Zugl. Fachhochschule Südwestfalen, Iserlohn, Deutschland, Bachelorarbeit, 2010

Bibliografische Information der Deutschen Nationalbibliothek:
Die Deutsche Nationalbibliothek verzeichnet diese Publikation in der Deutschen Nationalbibliografie;
detaillierte bibliografische Daten sind im Internet über http://dnb.d-nb.de abrufbar.

Die digitale Ausgabe (eBook-Ausgabe) dieses Titels trägt die ISBN 978-3-86341-540-2 und kann über den Handel oder den Verlag bezogen werden.

Inhaltsverzeichnis

1. Einleitung

Diese Arbeit befasst sich mit dem Problem der Optimierung von Lehrer-/Schülermodellen in der IT-Ausbildung. Präziser formuliert, geht es hier um die Realisierung und Bewertung eines solchen Modells in der IT- und Schulausbildung. Unter Lehrer-/Schülermodell soll hier jede mögliche Interaktion zwischen beiden im Unterricht agierenden verstanden werden.

Zu diesem Zweck hat der Autor dieser Arbeit die technische und damit zusammenhängende pädagogische Situation im Eduard-Spranger Berufskolleg in Hamm (Westf.) genau analysiert, auf Schwachstellen geprüft und mit Hilfe eigener Lösungsvorschläge verbessert.

1.1. Struktur der Arbeit

Die vorliegende Arbeit besteht aus vier Kapiteln.

Das erste Kapitel gibt einen Überblick über die Arbeit und die Anforderungsanalyse für ein Lehrer-/Schülermodell.

Im zweiten Kapitel (ab S. 12) werden einige Grundlagen der Virtualisierung und verfügbare Lösungen zur Realisierung virtueller Maschinen im Rahmen der vorgelegten Aufgabenstellung dargelegt. Hierbei werden Management Applikationen verschiedener Anbieter miteinander verglichen.

Das dritte Kapitel der (ab S. 26) vorliegenden Arbeit geht auf die Realisierung des Lehrer-/Schülermodells auf der Basis der im ersten Kapitel beschriebenen Problemstellung ein.

Im vierten Kapitel (ab S. 36) der Arbeit wird die Wirtschaftlichkeit der gesamten realisierten Lösung über einen Zeitraum von 4 Jahren demonstriert und bewertet.

1.2. Problemanalyse

1.2.1. Beschreibung des momentanen Umfeldes (Istanalyse)

Im Eduard-Spranger Berufskolleg in Hamm haben viele Klassenräume jeweils einen Computer an den Schülerplätzen, wodurch eine praxisnahe Arbeit gewährleistet ist.

In diesen Kursräumen finden pro Jahr mehrere Kurse unterschiedlicher Bildungsgänge statt. Alle diese Kurse nutzen derzeit ein und das selbe Betriebssystem: Microsoft Windows XP. Jeder Schüler muss sich mit seinen persönlichen Daten einloggen, um mit dem System arbeiten zu können. Alle Computer sind mit jeweils derselben Anwendungssoftware ausgerüstet, sodass jeder PC über alle Anwendungen aller Kurse verfügt. Der Desktopinhalt und das eigen zugeteilte Netzlaufwerk sind für jeden Schüler personalisiert.

Zu jedem Klassenraum gehört ein Masterplatz. Dieser leistet Folgendes: Der Lehrer meldet sich mit seinem Zugang an und hat Einsicht in die personalisierten Netzlaufwerke der Schüler. Dadurch werden durch die Schüler angefertigte Arbeiten durch die Lehrer gesichtet, kontrolliert und gegebenenfalls bewertet.

Die Wartung der Hardware dieser Systeme übernimmt eine externe Firma. Die Softwarewartung wird mittels eines Administrator-Zugangs durch einen betreuenden Lehrer durchgeführt. Im vergangenen Jahr wurden drei Server und ein Storage System für Schulungszwecke angeschafft. Auf diesen Systemen wird es den Schülern ermöglicht, an einem nachgestellten Rechenzentrum mit moderner Hardware zu lernen.

Folgende Aufgabenstellung ergab sich: Es soll ein MCITP (Microsoft Certified IT-Professional) Kurs in diesem Kursraum durchgeführt werden. Hierfür wird pro Platz gleichzeitig ein Server Betriebssystem und ein dazugehöriges Client Betriebssystem benötigt. Außer diesem Kurs sollen einige beliebige Prüfungen durchgeführt werden, bei denen ebenfalls mehrere Betriebssysteme zeitgleich verwendet werden. Mit der momentanen Installation sind Prüfungen und Kurse dieser Art zeitgleich nicht durchführbar, da jeder Arbeitsplatz isoliert von den anderen sein soll und Netzwerkdienste wie DHCP (Dynamic Host Configuration Protocol) Server und Verzeichnisdienste ausgeführt werden. Einige Netzwerkdienste können aus softwaretechnischen Gründen nicht im selben Netz mehrfach auftreten.

Ein weiteres Problem für den Lehrer unter diesen beschriebenen Bedingungen ist die notwendige administrative Nacharbeit. Er muss in der momentanen Situation alle Schüler-Computer nach jeder Kurseinheit wieder zurücksetzen.

Schlussresümee: Es bestehen hier zum gleichzeitigen Ausführen mehrerer Betriebssysteme auf einem Schülerplatz 2 große Aufgabenstellungen. Zum einen müssen pro Arbeitsplatz mehrere Betriebssysteme in einem autarken Netzwerk ausgeführt werden. Die derzeitigen physikalischen Umstände bieten die Möglichkeit nicht, um dieses zu tun. Zum anderen müssen alle Festplatten der Computer nach jeder Kurseinheit zurückgesetzt werden.

1.2.2. Beschreibung des notwendigen Umfeldes (Sollanalyse)

Eine mögliche Lösung für die in Kapitel 1.2.1 beschriebene Problematik bestünde darin, mehrere physikalische Computer pro Arbeitsplatz zu konfigurieren, wie es Abbildung 1-1 zeigt. Eine solche Installation bietet jedoch keine Möglichkeit, einen wirklichen Masterplatz zu generieren, mit Hilfe dessen der Lehrer beobachten, kontrollieren und das Schülerverhalten steuern können soll.

Abbildung 1-1: Mehrere physikalische Computer pro Platz, Quelle: VMware

Außerdem entstehen durch diese Lösung sehr hohe Kosten. Diese Kosten teilen sich auf in: Stromkosten, Wartungsgesamtkosten pro Kursraum und sehr hohe Anschaffungskosten pro Kursraum.

Im Rahmen dieser Arbeit wurde indessen für die dargestellte Problemlage ein neues sinnvolles Lösungsmodell entwickelt und in Abstimmung mit den Anwendern entsprechend realisiert. Basis dieser Lösung ist ein Virtualisierungskonzept innerhalb eines Netzwerkes.

Diese Lösung hat nicht nur pädagogische, sondern auch wirtschaftliche Vorteile. Zu den pädagogischen Vorteilen gehört die Möglichkeit des Aufschaltens seitens des Lehrers. Er muss den Schüler in seinem Lernprozess beobachten, kontrollieren und gegebenenfalls steuern können. Außerdem wird keine administrative Nacharbeitung mehr notwendig sein.

Zu den wirtschaftlichen Vorteilen gehört das Beibehalten der vorhandenen Computer. Es kann dann, obwohl nur an einem einzigen Computer gelernt wird, gleichzeitig an mehreren Betriebssystemen gearbeitet werden.

1.3.   Anforderungsanalyse an ein Lehrer-/Schülermodell

Die Anforderungen an ein Lehrer-/Schülermodell werden in Abbildung 1-2 anhand eines Use Case Diagramms dargestellt.

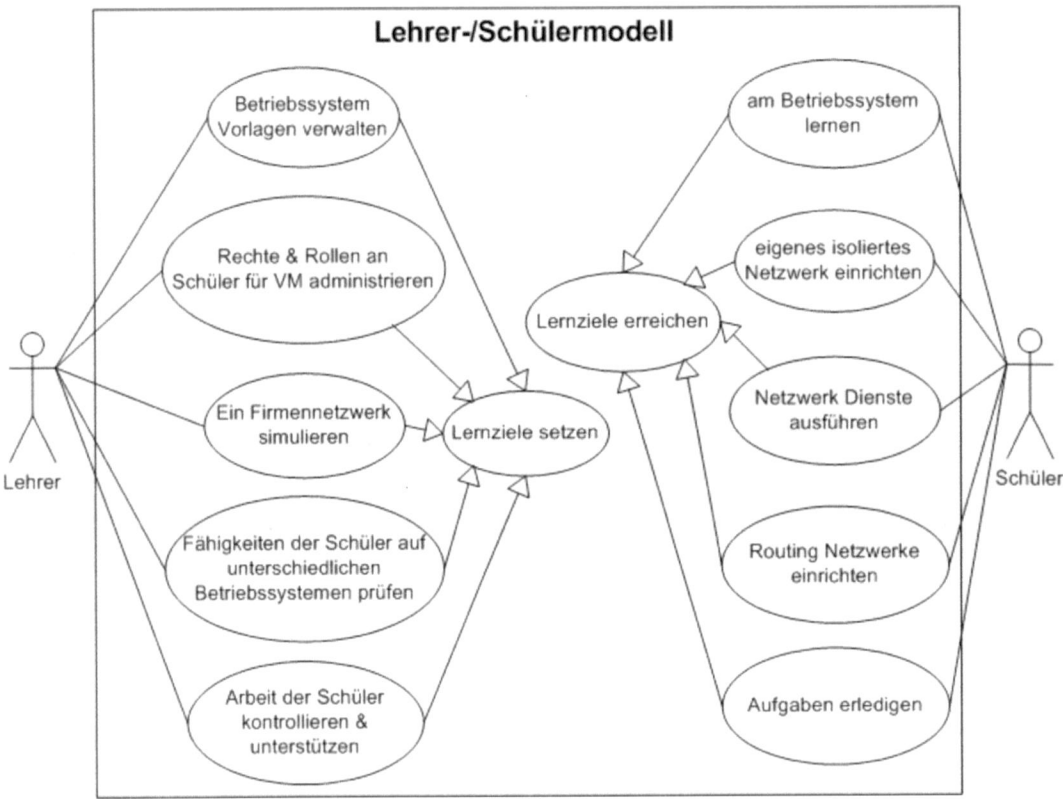

Abbildung 1-2: Anforderungsanalyse

Wir haben es hier mit der klassischen Aufgabenverteilung zu tun: Der Lehrer setzt die Lernziele, und der Schüler versucht, diese zu erreichen. Zu einem vollständigen Lehrer-/Schülermodell gehört die Möglichkeit des Lehrers, aktiv von seinem Masterplatz aus in die Schülerarbeit beobachtend und steuernd einzugreifen. Um aber sogar ein interaktiveres Lehrer-/Schülermodell einzurichten, müsste auch für die Schüler eine Kommunikationsmöglichkeit mit ihrem Lehrer geschaffen werden.

Schon diese kurze Analyse des IT-Unterrichts führt den Autor zu der Idee, die vorliegende technische Infrastruktur durch die Installation virtueller Umgebungen zu optimieren. Dadurch würde das oben beschriebene Lehrer-/Schülermodell technisch einwandfrei und sicher möglich. Darüber hinaus könnte der Lehrer jeden Schüler auf unterschiedlichen Betriebssystemen zeitgleich prüfen, was bislang unmöglich war.

1.4.   Das beiliegende Betriebshandbuch

Das Betriebshandbuch, welches der Bachelorarbeit beiliegt, enthält Informationen bezüglich des realisierten Systems am Rechenzentrum im Eduard-Spranger Berufskolleg. Darüber hinaus enthält es folgendes:

- Zugangsmöglichkeit auf die Server
- Grafische Darstellungen des Speicher- und Trainingsnetzwerkes
- Erklärungen von Begriffen wie z.B. Ressourcen Pools und Network Templates
- Vorgehensweise zum Importieren virtueller Maschinen
- Vorgehensweisen zum Einrichten von Schulungsumgebungen
- IP und MAC Adressen Tabellen der vorhandenen Server

2. Virtualisierung

2.1. Technik

2.1.1. Was sind virtuelle Maschinen?

In einer virtuellen Maschine läuft ein eigenständiger PC mit einem vollständigen Betriebssystem von verschiedenen Herstellern wie Microsoft oder verschiedenen Linux Distributionen.

Eine virtuelle Maschine hat genau wie eine physikalische, ein BIOS, mindestens einen Prozessor, mindestens eine Festplatte und eine individuell zugeteilte Menge an genutztem Arbeitsspeicher. Darüber hinaus sind auch weitere virtuelle Hardwarekomponenten wie mehrere Netzwerkkarten oder Sound Adapter pro virtuelle Maschine konfigurierbar.

Virtuelle Maschinen können sehr nützlich sein, wenn beispielsweise eine selbst geschriebene Anwendung auf verschiedenen Betriebssystemen oder verschiedenen Internetbrowsern in unterschiedlichen Sprachen getestet werden muss. Eine virtuelle Maschine besteht auf der Festplatte nur aus wenigen Dateien. Demzufolge können auf einer Festplatte mehrere virtuelle Maschinen gespeichert sein.

Alle virtuellen Maschinen laufen isoliert voneinander. Diese Isolation ist bei der Virtualisierung von enormer Bedeutung. Leidet eine Maschine beispielsweise an einem Absturz oder ist von einem Virus infiziert, ist nur diese virtuelle Maschine selbst betroffen und nicht alle weiteren virtuellen Maschinen. Häufig wird Virtualisierung mit Simulation oder Emulation gleich gesetzt. Jedoch ist es keines von beiden.

Definition Host-/Wirtssystem:

Ein Hostsystem ist das Betriebssystem, auf dem mehrere virtuelle Maschinen parallel und isoliert voneinander gleichzeitig betrieben werden.

Definition Gast Betriebssystem:

Ein Gast Betriebssystem ist das Betriebssystem, welches innerhalb einer virtuellen Maschine ausgeführt wird. Die virtuelle Maschine wird wiederum von einem Hostsystem bereit gestellt.

Definition Template:

Ein Template (deutsch: Vorlage) ist eine fertige virtuelle Maschine mit einem Betriebssystem und darauf installierten Programmen. Aus einem Template können wiederum weitere neue virtuelle Maschinen geklont werden. Diese neuen geklonten virtuellen Maschinen haben keinen direkten Bezug zueinander, sie laufen alle isoliert voneinander. Abbildung 2-1 zeigt eine virtuelle Maschine schematisch.

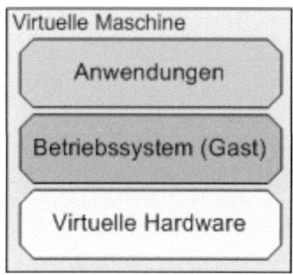

Abbildung 2-1: Modell einer virtuellen Maschine

2.1.2. Architekturen zur Virtualisierung

2.1.2.1. Hypervisor Typ 1

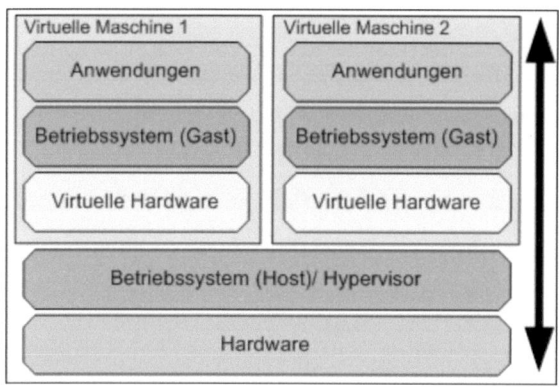

Abbildung 2-2: Hypervisor vom Typ 1

Der Hypervisor vom Typ 1 wird direkt auf der Hardware installiert. Er hat Kontrolle über die gesamte Hardware und ist eine sehr speichersparende Lösung. Abbildung 2-2 zeigt den Hypervisor vom Typ 1 mit 2 virtuellen Maschinen. Alle vom Betriebssystem ausgelösten Operationen gehen sofort auf die Hardware. Typische Vertreter für diese Lösung sind: VMware vSphere, Citrix XenServer und Microsofts Hyper-V.

2.1.2.2. Hypervisor Typ 2

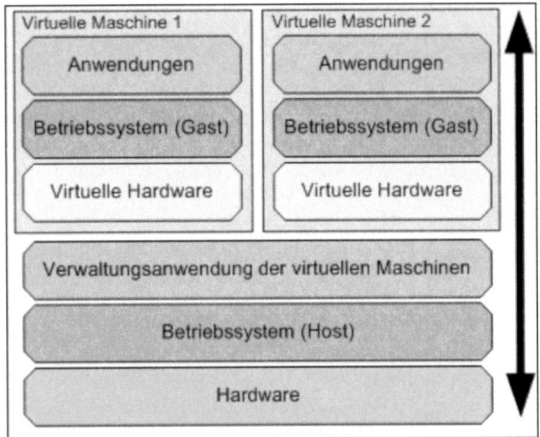

Abbildung 2-3: Hypervisor vom Typ 2

Der Hypervisor vom Typ 2 ist eine Applikation auf einem bestehenden Betriebssystem. Abbildung 2-3 zeigt diesen grafisch. Der Typ 2 hat dadurch, dass er nicht direkt auf der Hardware installiert wird, einen großen Geschwindigkeitsnachteil. Operationen des Gastbetriebssystems müssen mehrere Schichten passieren, als die des Hypervisors vom Typ 1. Dies kann sich beispielsweise dadurch bemerkbar machen, wenn große Datenmengen über eine virtuelle Netzwerkkarte kopiert werden und dies sehr lange dauert.

Ferner werden durch diese Architektur nur begrenzte Ressourcen an das Gastsystem bereitgestellt, da auch das Hostsystem einen gewissen Ressourcenanteil beansprucht.

Die Vorteile dieser Lösung sind die leichte Installierbarkeit als Applikation auf dem bestehenden Betriebssystem und die unveränderte Beibehaltung des Host Betriebssystems.

Diese Softwarelösung brachte VMware den Siegeszug mit VMware Workstation. Hiermit wurde es jedem Nutzer kostenlos ermöglicht, mehrere virtuelle Betriebssysteme einzurichten und zu starten.

2.1.3. Snapshots

In der Virtualisierung ist es möglich, einen beliebigen Zustand einer virtuellen Maschine einzufrieren. Es ist möglich, nach dem eingefrorenen Zustand weiter am System zu arbeiten.

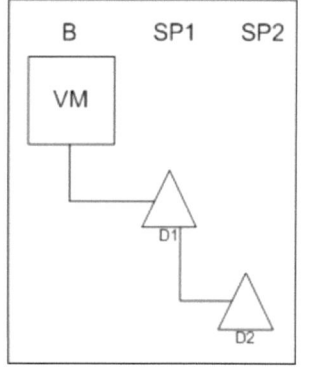

Dieses Verfahren nennt man Arbeiten mit der Snapshot-Technologie. Wenn ein Zustand einer Maschine gespeichert wurde, existieren so genannte Snapshot Dateien. Ein Snapshot ist eine Momentaufnahme eines Betriebssystems. Alle vorgenommenen Änderungen am Betriebssystem nach Erstellung eines solchen, werden in einer gesonderten Datei geschrieben. Man nennt diese Datei Deltafile. Abbildung 2-4 demonstriert dies anhand eines Beispiels. B ist die Basis, z.B. Windows XP. Dort wurde nach Erstellung eines Snapshots das Service Pack 1

Abbildung 2-4: Situation nach Erstellung zweier Snapshots

installiert. Nach Erstellung von D2 wurde Service Pack 2 installiert. Ab jetzt wird auf drei Dateien zugegriffen, sowohl auf die Quelldatei im Lesemodus, auf D1 im Lesemodus, als auch auf D2 im Lese-, jedoch nur hier im Schreibemodus.

Der Vorteil an dieser Technik ist, dass durch eine schnelle Methode der Ausgangszustand, wie es hier bei D1 und installiertem Service Pack 1 war, das Betriebssystem im vorigen Stand wiederherzustellen. Das geschieht durch das Wiederherstellen des jeweils vorherigen Deltafiles und das Löschen aller nachfolgenden. Dieses Vorgehen ist hilfreich, um beispielsweise kritische Testphasen durchzuführen, bei denen im Zweifelsfall schnell zur Ausgangsposition zurück gesetzt werden muss.

Erfahrungsgemäß ist das Arbeiten mit Snapshots über längere Zeit sehr rechenintensiv, und kann bei langsameren Festplatten gegebenenfalls zu kleinen Verzögerungen führen. Wenn ein

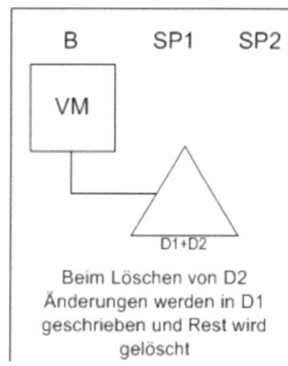

Snapshot nicht mehr nötig ist, kann er gelöscht werden. Im Hintergrund wird bei diesem Prozess das Deltafile mit der Quelldatei konsolidiert. Abbildung 2-5 zeigt dies grafisch.

Abbildung 2-5: Situation nach Löschung eines Snapshots

2.1.4. Strategische Zielsetzungen der Virtualisierung

Konsolidierung im Rechenzentrum

Aus mehreren Server und Windows XP Arbeitsplätzen wird ein leistungsstarker Server, der belastet wird, anstatt mehrerer physikalischer Computer, die während der Arbeitszeit kaum ausgelastet sind.

Support

Die Pflege der Hardware und Software der einzelnen Desktops entfällt. Neue Anwendungen unterstützen mit der Zeit nur noch neue Betriebssysteme. Diese Pflege findet nun im Rechenzentrum statt.

Testumgebungen

Viele unterschiedliche Betriebssysteme, mit verschiedenen Sicherheitsupdates ausgerüstet die in verschiedenen Sprachen, spiegeln einen ganzen Pool an Betriebssystemen für eine individuelle Schulung wider.

Energie sparen

Rechenleistung in eine zentrale Lösung zusammenfassen, da die meisten Anwendungen auf verschiedenen Betriebssystemen nie durchgehend volle Rechenkapazität beanspruchen.

Auslastung der Server

Ein handelsüblicher Computer ist mit einem Mehr kern Prozessor ausgerüstet. Bei einer Auslastung in einem Schulungsraum wird diese nur kaum beansprucht. Mithilfe der Virtualisierung werden äquivalente Prozessoren in Servern effizienter genutzt.

Management

Dadurch, dass virtuelle Maschinen aus einem kleinen Satz an Dateien bestehen, ist es möglich, die komplette Maschine einfach zu kopieren oder zu verschieben. Inbegriffen sind dabei die BIOS-Konfiguration, der Inhalt der Festplatte, die Anzahl der Prozessoren und die auf der virtuellen Maschine installierten Programme.

Zuverlässigkeit

Alle virtuellen Maschinen laufen voneinander isoliert. Somit beeinflussen sie den jeweiligen Server bei einem Absturz nicht. Programm- und Konfigurationsfehler wirken sich also nur isoliert aus. Eventuelle Schadsoftware ist nur auf einer virtuellen Maschine aktiv.

2.2. Verfügbare Lösungen zur Realisierung eines Lehrer-/Schülermodells

2.2.1. Einleitendes

Das Vergleichen und Beschaffen der Informationen dieser Produkte erwies sich in Teilen als äußerst Umfangreich. Die Produktwebseiten, speziell die von Citrix, konzentrieren sich hauptsächlich auf Bilder und Videos mit wenig technischen Informationen. Eine detaillierte Funktionsbeschreibung war erst nach intensiver Recherche zu finden. Zu loben ist hier die Webseite von Microsoft, bei der oft sehr schnell Informationen und Fakten tabellarisch zusammengefasst sind.

Weiterhin lassen sich die Produkte schwer vergleichen. Dies lag häufig an der Verschiedenheit der Produktbezeichnungen, die aber im Endeffekt dieselben Funktionen ausübten. So heißt zum Beispiel VMware's vMotion bei Microsoft: Live Migration.

Im Folgenden werden mehrere Management Lösungen zum administrieren mehrerer Hosts vorgestellt.

2.2.2. Microsoft System Center Virtual Machine Manager

2.2.2.1. Voraussetzungen

- Windows 2008 64 Bit mit einer System Center Installation als Rolle
- Arbeitsspeicher zwischen 2 und 4 GB Ram beim verwalten bis zu 20 Hosts
- Arbeitsspeicher bis zu 8 GB empfohlen bei bis zu 150 zu verwaltenden Hosts
- Dual-Core Prozessor
- Windows PowerShell ab Version 1
- Windows Remote Management (WinRM) ab Version 1.1
- .NET Framework ab Version 3
- Internet Information Service (IIS) ab Version 7

2.2.2.2. Besonderheiten/Merkmale

Der VMM 2008 R2 kann maximal 400 Hosts mit 8000 virtuellen Maschinen verwalten. Für Varianten der zu unterstützenden Hosts zählen sowohl Microsofts eigener Hyper-V, Windows 2003 Installationen mit Virtual Server 2005 R2, als auch VMware ESX Server und VMware vCenter Server bis Version 4. XenServer von Citrix werden nicht unterstützt.

Einen bemerkenswerten Schritt in die Virtualisierung zeichnet sich durch den Assistenten der physical-to-virtual (P2V) aus. Der VMM installiert automatisch Hyper-V auf den neu hinzugefügten Host, sofern dies vorher noch nicht geschehen ist. Dies betrifft Windows 2008 Server und Virtual Server 2005, sofern Windows 2003 das Betriebssystem ist. Die Bedienung der virtuellen Maschinen kann anschließend über 3 Wege erfolgen. Einmal über die Windows PowerShell, über die Console, oder über das Web-basierte self-service Portal. Es ist mit dem VMM möglich, der virtuellen Maschinen im laufenden Betrieb virtuelle Festplatten hinzuzufügen oder zu entfernen. Neben diesen virtuellen Maschinen gibt es Betriebssysteme als Vorlage. Auf Basis dieser Vorlagen lassen sich neue virtuelle Maschinen mit bereits installiertem Betriebssystem und bereits installierten Programmen erstellen um schnell Testumgebungen einzurichten.

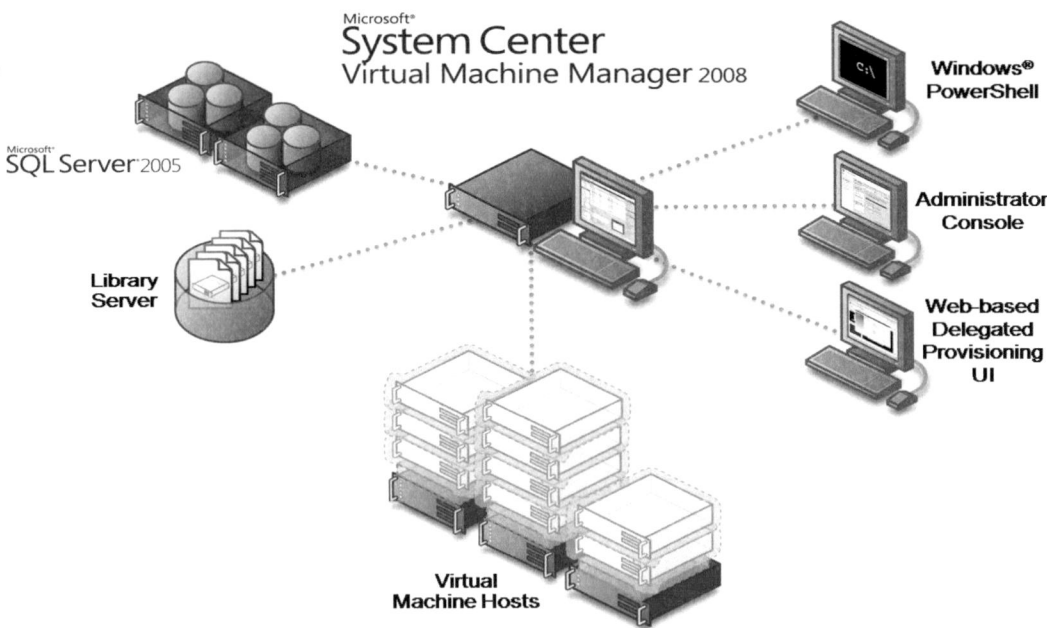

Abbildung 2-6: SCVMM 2008 Quelle: Microsoft

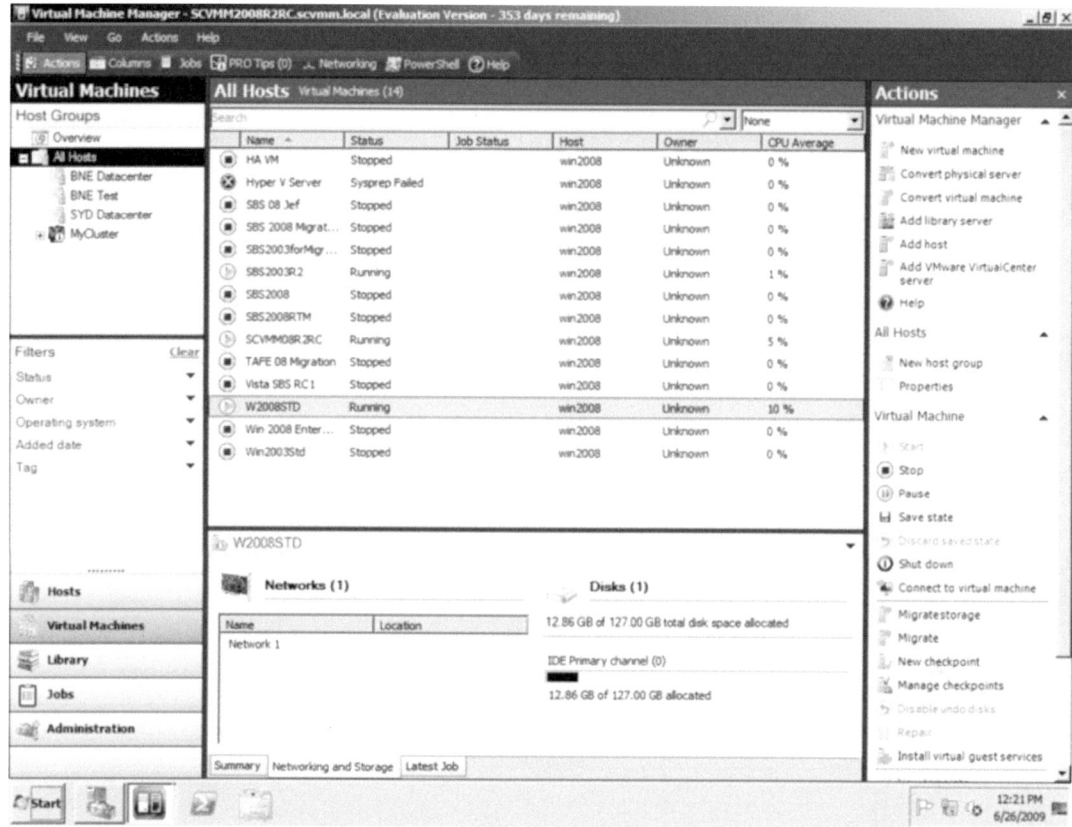

Abbildung 2-7: Quelle: (5)

In Abbildung 2-7 wird die Administrative Konsole gezeigt. Diese zeichnet sich durch die Microsoft typische spaltenweise Orientierung aus. In der Mitte sind die virtuellen Maschinen zeilenweise und ihr Status mit einem Symbol gekennzeichnet. Links sind die Aufgaben in Katergorien (Hosts, Virtual Machines, Library, Jobs, Administration) eingeteilt. Auf der rechten Seite finden sich Befehle wie *Start*, *Stop* oder *Migrate*.

2.2.3. Citrix XenDesktop

2.2.3.1. Voraussetzungen

In der XenDesktop Produktfamilie gibt es verschiedene Editionen. Es gibt sie in der Express, VDI (Virtual Desktop Infrastructure), Enterprise und in der Platinum Edition. Im Folgenden wird auf die VDI Edition eingegangen. Diese Edition ist in der Lage, virtuelle Maschinen und Blade-basierte Desktops bereitzustellen.

Citrix XenDesktop benötigt mehrere Komponenten. Dazu zählen ein Desktop Delivery Controller, Farm Data Store, eine Citrix Lizenz und einen Virtual Desktop Agent.

Die Voraussetzungen für den Desktop Delivery Controller zeigt folgende Auflistung:

- Maschine darf kein Domain Controller sein
- Server muss zur Windows 2003 Familie gehören, kann 32Bit oder 64Bit sein
- Terminal-Services im application mode
- .NET Framework ab Version 3.5
- Java Runtime Environment Version 1.5.0_15
- Internet Information Service(IIS) ab Version 6 mit ASP.NET
- Microsoft J# 2.0 Redistributable Package, Second Edition
- Ungefähr 500 MB Festplattenspeicher für die Installation

Für die Farm Data Store wird bei der Installation automatisch eine Datenbank auf dem lokalen Speicher erstellt, sofern keine bereits existierende Datenbank bei der Installation ausgewählt wurde. Der Hersteller (Citrix) gibt an, dass nur eine Datenbank für alle Controller benötigt wird. Die Voraussetzungen für eine Farm Data Store zeigt folgende Auflistung:

- Microsoft Jet Database Engine für Windows 2003 mit SP1 32&64 Bit
- Microsoft SQL Server 2005 Express Edition 32Bit mit SP2 für Windows 2003 32&64Bit
- Microsoft SQL Server 2005 mit SP2 und Windows 2003 32&64Bit mit SP2
- Microsoft SQL Server 2000 mit SP4 und Windows 2003 mit SP2

Alternativ zu Microsoft Datenbanken wird auch die von Oracle in der Version 11.1 unterstützt.

Der Licensing Server wird mit XenDesktop nur in der Version 11.6.1 lauffähig sein. Ältere Versionen werden nicht unterstützt. Der Virtual Desktop Agent unterstützt folgende Betriebssysteme:

- Windows XP Professional 32Bit mit SP3
- Windows XP Professional 64Bit mit SP2
- Windows Vista 32&64 Bit
- Windows 7 (non-Aero) 32&64Bit

2.2.3.2. Besonderheiten/Merkmale

XenDesktop bringt eine Reihe neuer Technologien mit. Dazu gehört die HDX Technologie, mit Hilfe dieser eine optimierte Übertragung von Videos und Multimedia Anwendungen ohne Störungen über das Netzwerk garantiert wird. Mit der VDI Technologie laufen die virtuellen Maschinen im Rechenzentrum. Die persönlichen Daten verlassen hierbei das Rechenzentrum nicht. Als Ansicht hat der Nutzer lediglich die Sicht seines zugeteilten Betriebssystems, als wäre es lokal installiert. Um dieses zu tun, hat er mehrere Möglichkeiten. Neben der Möglichkeit den lokalen Computer an seinem Arbeitsplatz zu nutzen, sind Smartphones hierfür ebenfalls ein nützliches Werkzeug. Neben dieser Möglichkeit ist es möglich mit ThinClients zu arbeiten.

2.2.4. VMware vCenter Lab Manager

2.2.4.1. Voraussetzungen

Der Lab Manager von VMware benötigt eine eigene virtuelle Maschine oder ein eigenes Betriebssystem. Weitere Voraussetzungen stellt folgende Auflistung dar:

- ESX oder ESXi Server 4.0 oder Version 3.5
- vCenter Server – dort werden die virtuellen Maschinen registriert und bearbeitet
- Genug Speicherplatz für die Betriebssystem Bibliothek
- Windows 2003 Server Standard oder Enterprise 32-Bit mit Service Pack 2 virtuell oder physisch (Ein Windows 2008 Server wird hier NICHT unterstützt!)
- ASP.NET v2.0 Service Pack 1 oder neuer
- .NET Framework 2.0 SP1 oder neuer
- MS Internet Information Service (IIS)
- System darf kein Domain Controller sein
- Mind. 512 MB Arbeitsspeicher
- Mind. 1 Netzwerkkarte mit statischer IP

-   Administratorrechte

-   Keine alte installierte Version vom Lab Manager

-   Konfigurierten primären DNS Suffix

2.2.4.2. Besonderheiten/Merkmale

Eine produktive Einsatzmöglichkeit des Lab Managers gibt es für Schulen und Entwickler von Anwendungen. Durch die Funktion des Archives und der Betriebssystem Bibliothek ist es möglich, beliebige Versionen von Betriebssystemen sehr schnell bereitzustellen. Die Anwendungen können dann auf verschiedene Betriebssysteme in verschiedenen Sprachen und in verschiedenen Versionen getestet werden. Darüber hinaus ist es möglich, Netzwerke als Vorlage an Betriebssysteme zuzuordnen. Hierbei werden IP Adressen mit den dazugehörigen Subnetzmasken eingetragen und können wahlweise von allen anderen existierenden Netzwerken isoliert laufen.

Die Bedienung des Lab Managers von VMware besteht hauptsächlich aus einem webbasierten self-service Portal. Der Lab Manager benötigt einen laufenden vCenter Server, um ausgeführt werden zu können, da neu bereit gestellte virtuelle Maschinen in der vCenter Datenbank registriert werden. Der Lab Manager ermöglicht es, mehrere Betriebssysteme in Arbeitsbereiche für Schüler und Lehrer mit individueller Rechtevergabe zuzuordnen, die dann in getrennten Netzwerken laufen.

Die Abbildung 2-8 zeigt die Administrator-/Lehrerübersicht mit mehreren Betriebssystemen pro Zeile. Hierbei handelt es sich um eine Prüfungssituation, bei der die Schüler mit drei Betriebssystemen zeitgleich arbeiten müssen.

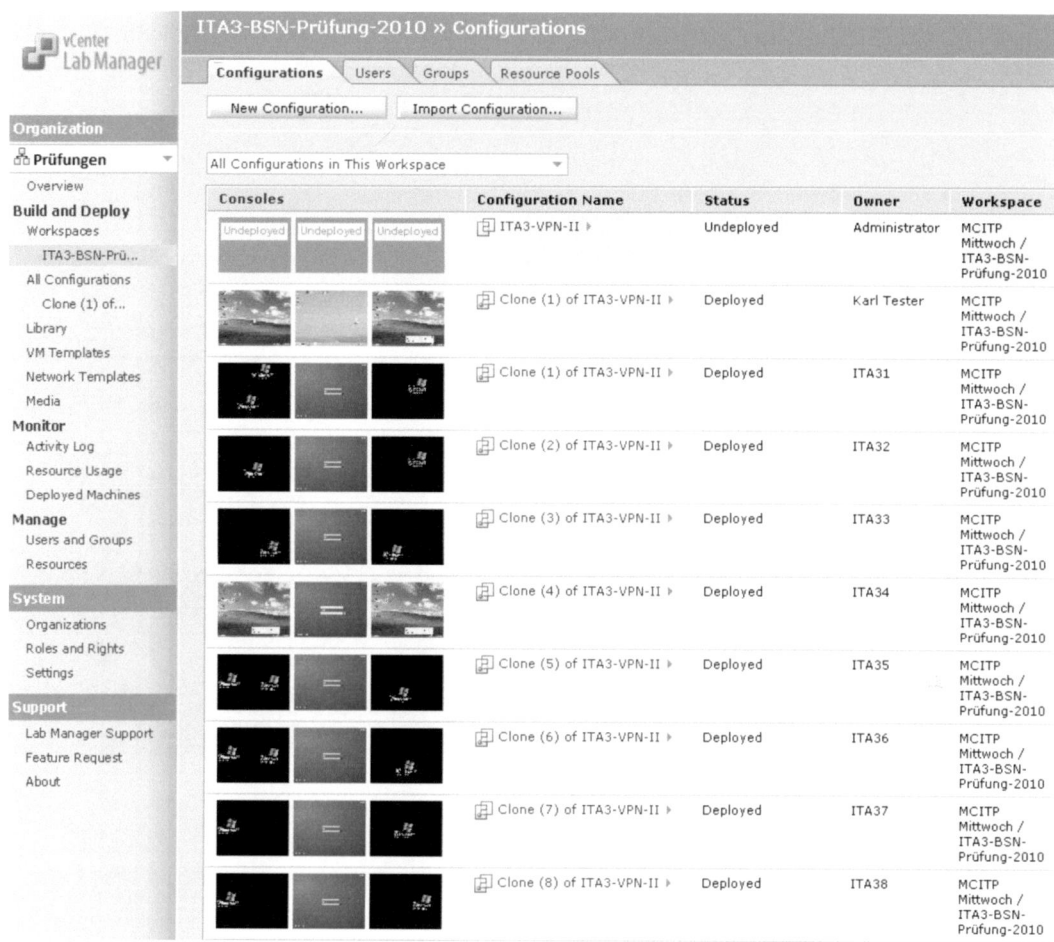

Abbildung 2-8: Administrator-/Lehrerübersicht

Die Prüfungssituation besteht hier aus einem SuSe Linux System, und zwei Windows XP Workstations, die beide in verschiedenen Netzwerken betrieben werden. Die Linux Maschine soll als Router in der Prüfung konfiguriert werden. Nach der Prüfung werden die Richtigkeit und der Lösungsweg vom Administrativen Zugang überprüft, indem jedes Betriebssystem im Browser ausgewählt und gesichtet wird. Jede Zeile gehört zu einem Schüler. Natürlich hat dieser unter seinen Zugangsdaten auch nur seine Betriebssysteme sichtbar.

Der Lab Manager verfügt über eine eigene Bibliothek an vorinstallierten virtuellen Maschinen mit Betriebssystemen, inklusive darauf installierter Programme, die zuvor von einem Administrator aus dem vCenter als Vorlage erstellt, konvertiert und in den Lab Manager importiert wurden.

Abbildung 2-9 zeigt das Betriebssystem Windows XP, welches gerade gestartet wird. Diese Anzeige sieht man im Browser an seinem lokalen Arbeitsplatz. Die Besonderheit liegt im Detail. Dieses Betriebssystem wird nämlich nicht auf der lokalen Maschine ausgeführt, sondern im Rechenzentrum auf einem Server. Wird das Browserfenster geschlossen, läuft das Betriebssystem trotzdem noch weiter.

Abbildung 2-9: Virtuelle Maschine mit Windows XP im Browser

2.3.　Gegenüberstellung der verfügbaren Produkte

	Unterstützt Windows 2008 Server	Rechteverwaltung für virtuelle Maschinen	VM Library	Network Fencing
Microsoft System Center Virtual Machine Management (SCVMM)	✔	✔	✔	✘
Citrix XenDesktop mit VDI	✘	✔	✔	✘
VMware vCenter Lab Manager	✔	✔	✔	✔

Tabelle 1: Gegenüberstellung der Besonderheiten verschiedener Produkte

In Tabelle 1 werden verfügbare Lösungen auf dem Markt, die zum Zweck einer Schulungseinrichtung genutzt werden können, gegenüber gestellt. Die Entscheidung fällt hier auf VMware's Lab Manager. Dieses Produkt ist das Einzige, welches mehrere virtuelle Maschinen in gesonderten Netzwerken, ohne Zutritt nach außen zu bekommen, kapseln kann.

3. Realisierung der Aufgabenstellung mittels VMware

3.1. VMware vCenter Server

3.1.1. Einführung & Einsatzgebiete

Der vCenter Server ist das Werkzeug zum Verwalten aller ESX Hosts. Von dieser zentralen Stelle aus, lassen sich VMotion-Vorgänge, HA (High Availability), FT (Fault Tolerance) und vieles mehr einrichten.

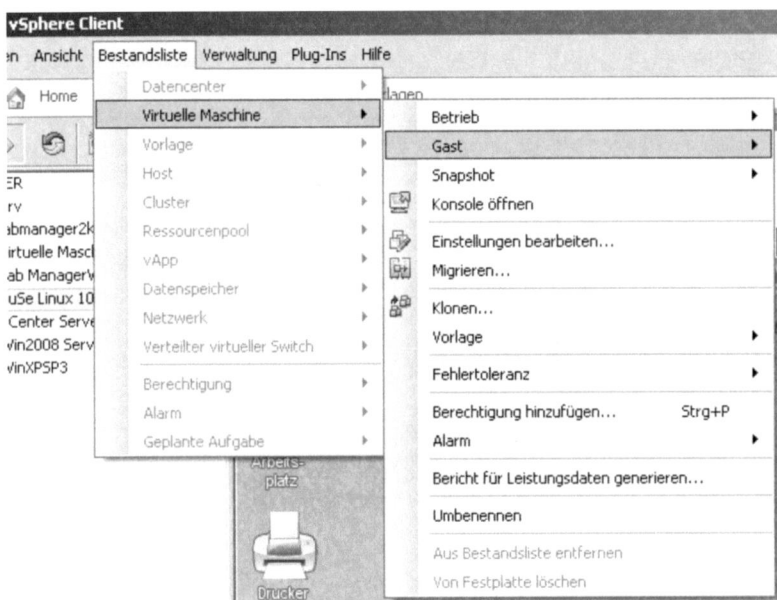

Abbildung 3-1: vCenter Verwaltungsmöglichkeiten einer VM

Abbildung 3-1 zeigt das Menü, welches zu jeder virtuellen Maschine gehört. Wie zu sehen ist, ist es mit dem vCenter Server möglich, virtuelle Maschinen als Vorlage zu konvertieren, oder sie auf andere Host Maschinen zu verschieben oder zu kopieren.

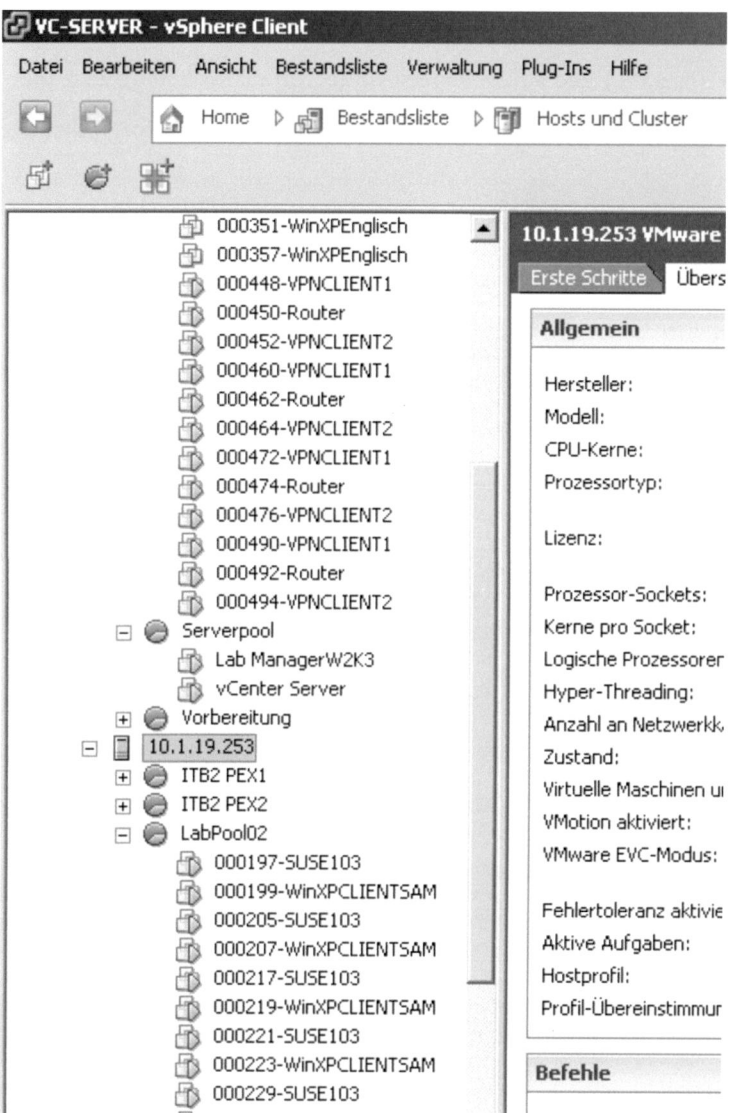

Abbildung 3-2: vSphere Client mit Ansicht virtueller Maschinen

Alle virtuellen Maschinen aller Hosts werden im vCenter registriert und sind im vSphere Client sichtbar. In Abbildung 3-2 fällt auf, dass einige Maschinen eine fortlaufende 6-stellige Nummer vor ihrem Namen haben. Sowohl die Maschinen selbst, als auch die Nummer, sind für den Administrator im vSphere Client nicht von besonderer Bedeutung. Die Verwaltung dieser Maschinen läuft ausschließlich über den Lab Manager im self-service Portal.

3.1.2. Technik

Der vCenter Server läuft in einer virtuellen Maschine auf einem Windows 2008 Server R2 64 Bit Betriebssystem als automatisch startender Dienst. Als Standarddatenbank bringt das Installationsprogramm eine Microsoft SQL Express Edition mit, in der alle Hardwareinformationen aller Hosts gespeichert werden und alle auftretenden Alarme aller Hosts archiviert werden. Es ist möglich, die Datenbank durch eine proprietäre Datenbank von Oracle oder mit Microsoft SQL Enterprise zu ersetzen. Es bedarf der kritischen Frage, warum nun das zentrale Werkzeug ausgerechnet in einer virtuellen Maschine sein Werk verrichtet. Der Hersteller (VMware) empfiehlt diesen Einsatz in einer solchen virtuellen Maschine, da Technologien wie VMware-FT höchste Sicherheit bieten. Mit VMware-FT, also „Fault Tolerance", bei der eine gespiegelte virtuelle Maschine parallel ausgeführt wird, werden alle Instruktionen auf zwei Maschinen gleichzeitig ausgeführt. Sobald eine von den beiden vom Netz getrennt ist, läuft die Zweite immernoch ohne Probleme weiter.

3.2.   VMware vCenter Lab Manager

3.2.1. Benutzer und Rechteverwaltung

3.2.1.1.   Allgemeines

Die Benutzerverwaltung im Lab Manager ist relativ verschachtelt. Zur vereinfachten Darstellung gibt Abbildung 3-3 eine Übersicht. Alles Weitere wird in den Folgekapiteln behandelt.

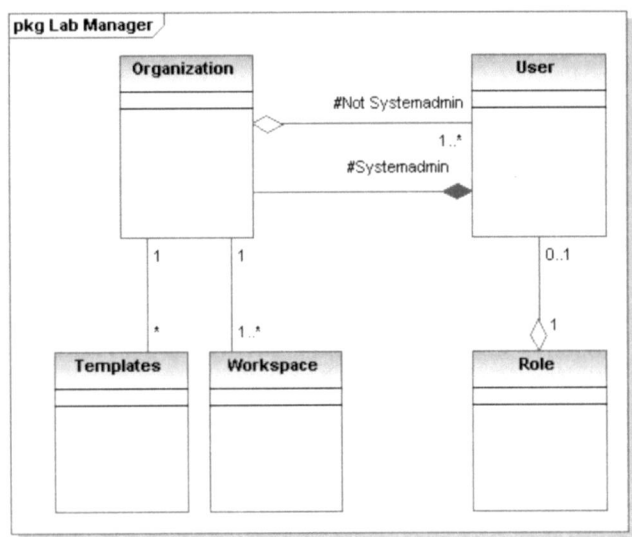

Abbildung 3-3: Assoziationen zwischen den Klassen

3.2.1.2.   User

Jeder *User* gehört zu mindestens einer *Organization* und einer Rolle. Daraus folgt, dass erst die Rolle mit den entsprechenden Rechten erstellt und dann konfiguriert werden muss, bevor sie einem *User* zugeordnet werden kann. Einen *User* ohne Rollenzugehörigkeit gibt es nicht. Er kann zu mehreren *Organizations* gehören. Demzufolge kann er in verschiedenen *Organi-*

zations auch verschiedene Rollen haben. Eine besondere Rolle hat der *System Administrator*. Er gehört zur *Organization* „Global", die bei jeder Lab Manager Installation dabei ist. Der *System Administrator* hat vollen Zugriff auf die gesamte Lab Manager Installation.

Ein Administrator hat nur vollen Zugriff innerhalb der *Organization*, in der er die Rolle Administrator hat. Er kann *User* verwalten und auch weiteren *Usern* die Administrator Rolle vergeben. Eine sehr nützliche Funktion bietet das Activity Log. Alle Aktivitäten, die ein *User* ausübt, werden hier protokolliert. Dazu zählen z.B. das Einschalten oder das deployen(Bereit stellen) einer virtuellen Maschine. Der Administrator ist in der Lage, alle Aktivitäten aller *User* einzusehen, mit Ausnahme der Aktivitäten innerhalb des jeweiligen Betriebssystems, zum Beispiel beim Löschen von Dateien. Diese Aktivitäten kann er aber beobachten, ohne dass der Schüler davon während einer Prüfung oder eines Trainings etwas zur Kenntnis nimmt. Mit dieser Funktion stehen die Schüler unter voller Kontrolle des Lehrers.

3.2.1.3. Roles & Rights

Für Schüler, die dieses System nutzen, ist keine Administratorübersicht vorgesehen. Daher gibt es die Möglichkeit, mittels einer Rechteverteilung die Ansicht der Schüler zu gestalten und Funktionen zu deaktivieren. In der Lab Manager Installation, wurde eine Rolle „Kursteilnehmer" erstellt. Diese Rolle hat minimale Einstellungen zur Verwaltung seiner zugeordneten virtuellen Maschinen. Folgende Tabelle zeigt, welche Rechte für die Rolle „Kursteilnehmer" gesetzt sind.

Kategorie	Aktiviertes Recht
Workspace Configuration	Add Machine
	Create
	Deploy
	Edit Properties
	View
Library Configuration	Clone To Workspace
	Create
	Edit Properties
	LiveLink[1]
	View
Machine	Alle Optionen aktiviert (z.B. Power On, Power

---

[1] Diese Option kann deaktiviert werden, sofern der Einsatz eines LiveLink nicht durchgeführt wird

	Off)
Workspace	Clone To
	Create
	Edit Properties
	View
Overview	View
Preferences	View
Activity Log	View

3.2.1.4. Organizations und Configurations

Eine *Organization* kann man sich als eine Art Rahmen vorstellen, in dem mehrere *Workspaces* mit individuellen *Configurations* und mehreren *Usern*/Schülern sind. Eine *Configuration* ist ein gekapselter Satz an virtuellen Maschinen. Eine *Organization* umfasst mindestens einen *User*, nämlich den System Administrator. Zu jeder *Organization* ist mindestens ein Ressource Pool zugeordnet, und demzufolge auch mindestens ein Host, da sonst keine Betriebssysteme ausgeführt werden können. Bei dieser Einstellung ist Vorsicht zu wahren, da pro Host maximal 200 virtuelle Maschinen bereit gestellt werden können. Dieses Problem kann man umgehen, indem man pro *Organization* mehrere Ressourcen Pools zuteilt, die auf unterschiedlichen Hosts verlagert sind. Der Lab Manager kümmert sich dann automatisch um eine Verteilung der neu erstellen virtuellen Maschinen.

3.2.1.5. Templates

Ein Template ist zunächst eine ganz normale virtuelle Maschine, auf der ein Betriebssystem installiert wurde. Im Lab Manager bieten *Templates* den Kern der gesamten Installation. Es ist eine virtuelle Maschine als Vorlage, bei der zu einem vorigen Zeitpunkt ein Betriebssystem und weitere Programme installiert wurden. In der Lab Manager Installation basiert jede *Configuration* auf ein oder mehreren Templates. Es ist möglich ein *Template* innerhalb mehrerer *Organizations* freizugeben, sodass *User* aus anderen *Organizations* Zugriff auf dieses *Template* als Referenzmodell haben.

3.2.2. Technik

3.2.2.1. Network Fencing

Die Option des Network Fencing wird beim Erstellen einer Netzwerkumgebung gesetzt. Diese Option ist ausschlaggebend, ob die Betriebssysteme, die dieses Netzwerk nutzen, Zugriff ins reale Netzwerk haben oder nicht. Wenn diese Option genutzt wird, ist parallel zum realen Netz eine identische IP Adressenkonfiguration der virtuellen Maschinen ohne Kollisionsgefahr konfigurierbar. Dies ist für nachgestellte Verzeichnisdienste, wie sie am Eduard-Spranger-Berufskolleg gelehrt werden, sehr nützlich.

3.2.2.2. Linked Clones

Die Anforderungen an eine Schulungsumgebung sind sehr hoch. Die IT muss sehr schnell reagieren, um komplexe Trainingsumgebungen mühelos zu schaffen. Die Prüfungen dauern nur einen Tag und besondere Seminare meistens nur ein paar Wochen, bei denen mehrere Client/Server Maschinen parallel und isoliert voneinander betrieben werden müssen. Die Bereitstellung dieser Szenarien soll dann sehr schnell mit geringem Aufwand verbunden sein. Am Ende eines Kurses oder einer Prüfung müssen diese Umgebungen wieder gelöscht werden. Der Lab Manager übernimmt alle diese Prozesse vollautomatisch. Angenommen, es müsste jede Maschine komplett geklont werden und diese dann freigegeben werden, wäre das bei einer Vielzahl von Schülern und Kursen insgesamt eine enorm hohe Anzahl an belegtem Speicherplatz. Hierfür bietet der Lab Manager eine sehr hilfreiche Lösung, um storageeffektiv zu handeln. Er setzt auf die Technologie von linked Clones. Dieses Verfahren arbeitet auf dem Snapshotverfahren, welches auf dem Speicher sehr sparsam ist. Alle Änderungen am Referenzsystem werden in eine extra Datei geschrieben. Das Referenzsystem selbst bleibt bei diesem Prozess unberührt. Der Lab Manager arbeitet hier auf dem Speicher mit einer fortlaufenden Nummer für die neu erstellen virtuellen Maschinen, die für den Nutzer nicht sichtbar ist und daher auch nicht von weiterer Relevanz. Zu verwalten sind diese Maschinen alle vom self-service Portal aus.

3.2.2.3. Bereitgestellte Betriebssysteme

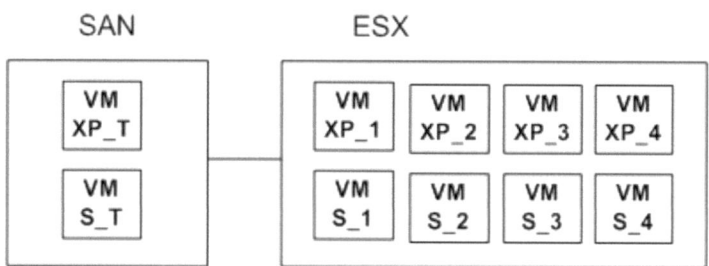

Abbildung 3-4: Technik Lab Manager

Abbildung 3-4 zeigt den Einsatz von 8 Betriebssystemen. Diese wurden aus dem Lab Manager bereit gestellt. Alle Betriebssysteme nutzen die Ressourcen eines ESX Servers und haben als Referenzsystem das hier in der Grafik gezeigte System mit „_T" am Ende. Hierbei haben alle virtuellen Maschinen (mit 1 – 4 am Ende), sowohl dieselben Versionen der Betriebssysteme als auch die gleichen installierten Programme, wie das Referenzsystem.

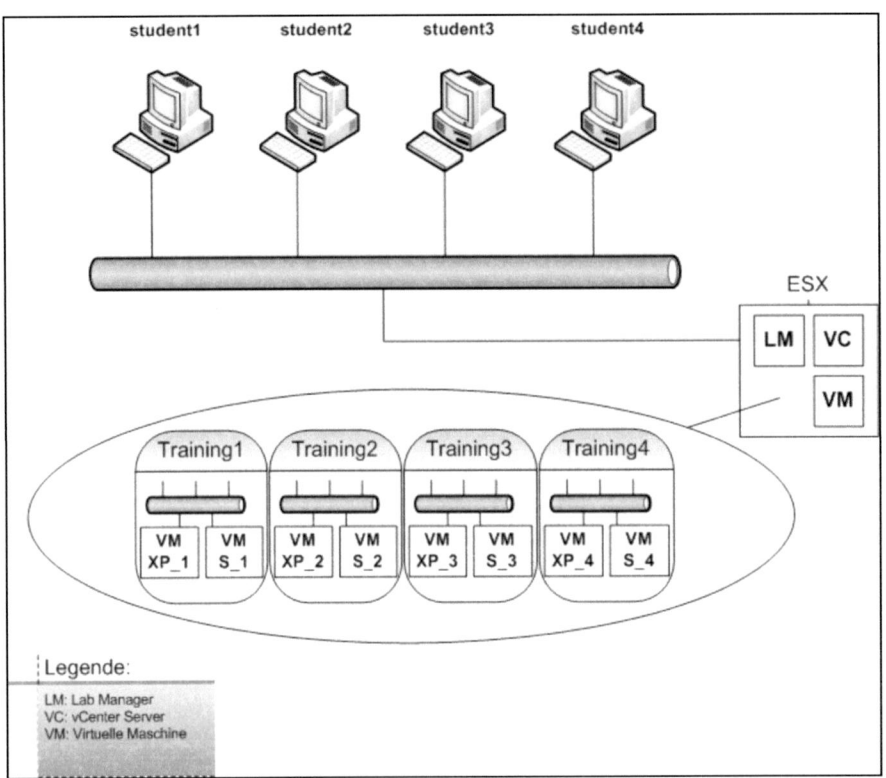

Abbildung 3-5: Virtuelle Maschinen mit Netzwerken im Lab Manager und deren Nutzer

Abbildung 3-5 zeigt das Schema, welches nun im Berufskolleg existiert. Der Schüler meldet sich an seinem Schulungsplatz über den Browser im Lab Manager an. Dort hat er seine *Configuration*. In der Grafik ist eine *Configuration* beispielsweise mit Training1 beschriftet. Voraussetzung dafür ist natürlich, dass zuvor ein Administrator den Schüler als Besitzer eingestellt hat, damit dieser die virtuellen Maschinen z.B. herunterfahren oder einschalten kann. Nachdem sich der Schüler student1 angemeldet hat, hat er ausschließlich seine *Configuration* vor sich, und keine andere, sonst hätte er ja Zugriff auf die virtuellen Maschinen seiner Mitschüler. Jede *Configuration* hat sein eigenes Netzwerk. Diese Netzwerke sind völlig abgekapselt vom realen Netzwerk, sodass Netzwerkkollisionen ausgeschlossen sind und eine Verbindung der Schüler untereinander ausgeschlossen ist. Der Schüler student1 hat hier volle Übungsfreiheit.

3.2.3. Vorbereiten der Betriebssysteme

3.2.3.1. Wozu?

Bevor eine virtuelle Maschine in einem neuen *Workspace* bereitgestellt werden kann, muss das Betriebssystem vorbereitet werden. Bei dieser Vorbereitung wird das Betriebssystem für die Hardwarunabhängigkeit konfiguriert. Bei Windows Betriebssystemen geht es darum, die SID (Security Identifier) neu zu setzen und eindeutige Informationen aus der Windows Installation zu entfernen. Dadurch wird die erneute Verwendung des Betriebssystems in einer neuen virtuellen Maschine erst möglich. Beim nächsten Neustart wird ein erneuter Konfigurationsdurchlauf für diese virtuelle Maschine initiiert. Linux Derivate müssen nicht vorbereitet werden.

3.2.3.2. Mit SIDGen

Der Lab Manager bringt bei der Installation das Programm SIDGen von Symantec mit. Dieses Programm ist für frühere Windows 2000 Version vorgesehen. Es setzt auch eine neue Security Identifier wie Sysprep. Für neuere Betriebssysteme ab Windows XP wird die Vorbereitung mit Microsoft Sysprep empfohlen. SIDGen wird für neuere Betriebssysteme nicht mehr unterstützt und von Symantec nicht mehr weiter entwickelt.

3.2.3.3. Mit Sysprep

Zum Vorbereiten der Windows Betriebssysteme gibt es mehrere Wege. Für Windows XP (32&64 Bit), Windows 2003 Server (32&64 Bit) wird das von Microsoft hauseigene Sysprep benutzt. Für die vorhin aufgezählten Betriebssysteme geht man folgenden Weg:

Zunächst muss die Lab Manager Installation über eine lauffähige Datei von Sysprep verfügen. Diese ist auf jeder Windows CD im Ordner SUPPORT\TOOLS in der Datei Deploy.cab zu finden. Die hier enthaltene Datei Syspre.exe muss in den Ordner **Tools\CustomizeGuest\Windows\Sysprep** im Lab Manager Programme Verzeichnis in den jeweiligen Unterordner kopiert werden. Erst jetzt kann in der Administrations Konsole unter „Settings->Guest Customization" das Betriebssystemvorbereitungs Paket erstellt werden, indem man auf „Build Package" klickt.

Nun kann Windows XP als Template im Lab Manager importiert werden. Bei einem Deploy (also bei Bereitstellung des Betriebssystems) und anschließendem Booten wird das Betriebssystem automatisch mit Sysprep vorbereitet.

3.2.3.4. Mit einer Antwortdatei

Für Windows Vista, 7 und Server 2008 & 2008 R2 ist das Vorgehen anders. Bei diesen Betriebssystemen ist bereits ein Sysprep im Windows Ordner unter %WIN-DIR%\SYSTEM32\SYSPREP zu finden und muss mittels einer XML Datei die Systemeinstellungen vorkonfiguriert werden. Dies muss vor dem importieren in den Lab Manager geschehen. Hierzu geht man folgenden Weg:

Man lädt auf der Microsoft Seite den Windows Automated Installation Kit (Windows AIK) herunter und benutzt in diesem Paket das Programm Windows System Image Manager. Vorsicht: Es gibt verschiedene Versionen für Windows 2008 Server und Windows 2008 Server R2. Mit diesem Programm wird eine sogenannte Antwortdatei erstellt. Die Antwortdatei ist eine XML-Datei (Extensible Markup Language) und kann in jedem Text-Editor, z. B. im Editor von Microsoft, gelesen werden. In dieser Datei werden Windows Einstellungen gespeichert. In der Anlage dieser Arbeit findet sich die Datei mit den notwendigen Komponenten für den Einsatz im Schulungsraum am Berufskolleg. Die einzelnen Schritte zur Realisierung sind im beiliegendem Benutzerhandbuch beschrieben. Abbildung 3.6 zeigt die notwendigen Arbeitsschritte in geordneter Reihenfolge.

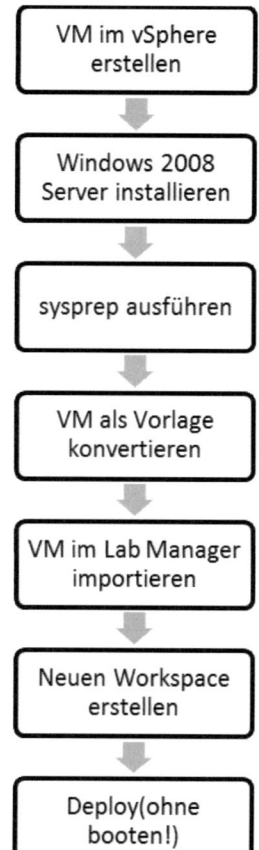

Abbildung 3-6: Arbeitsabläufe

4. Wirtschaftlichkeit der gesamten Lösung

4.1.   Stromverbrauch in kWh

Folgende Berechnungen nehmen Bezug auf die virtualisierte Lösung und auf 6 physikalische Computer pro Arbeitsplatz. Die Lösung mit 6 physikalischen Computern geht auf die in dieser Arbeit dargestellte Prüfungssituation mit mehrere Linux und Windows Maschinen ein.

Virtualisiert pro Arbeitsplatz	Am Tag	Im Monat	Im Jahr
Desktop PC*	1,6	32	384
bei 20 Arbeitsstationen	**32**	**640**	**7680**
Server**	12	360	4320
bei 3 Servern	36	1080	12960
Gesamtverbrauch pro Schulungsraum:	**68**	**1720**	**20640**

Der Tag wurde beim Desktop PC mit 8 Stunden berechnet

Der Monat wurde beim Desktop PC mit 20 Tagen berechnet

Das Jahr wurde beim Desktop PC mit 240 Tagen berechnet

Bei der Ermittlung der Stromkosten wird von 20 Arbeitsplätzen ausgegangen.

Nicht virtualisiert. 6 physikalische Computer pro Arbeitsplatz

		Am Tag	Im Monat	Im Jahr
Desktop PC*	6 PCs pro Arbeitsplatz	9,6	192	2304
pro Schulungsraum:		**192**	**3840**	**46080**

* Berechnung basiert auf einen Desktop PC mit Bildschirm bei einer Leistungsaufnahme von 200 Watt

** Berechnung basiert auf einen Server bei einer Leistungsaufnahme von 500 Watt

Stromkosten pro Jahr in Euro***	
Virtualisiert	nicht virtualisiert
3.096,00 €	6.912,00 €

*** Berechnung der Stromkosten mit 15 Cent pro kWh.

4.2. CO_2 Emission in kg

CO_2 Emission pro Jahr in kg****	
Virtuali-siert	nicht virtualisiert
12838,08	28661,76

**** Ermittelt mit dem Emissionsfaktor des Bayerischen Landesamt für Umwelt 0,622 kg/kWh

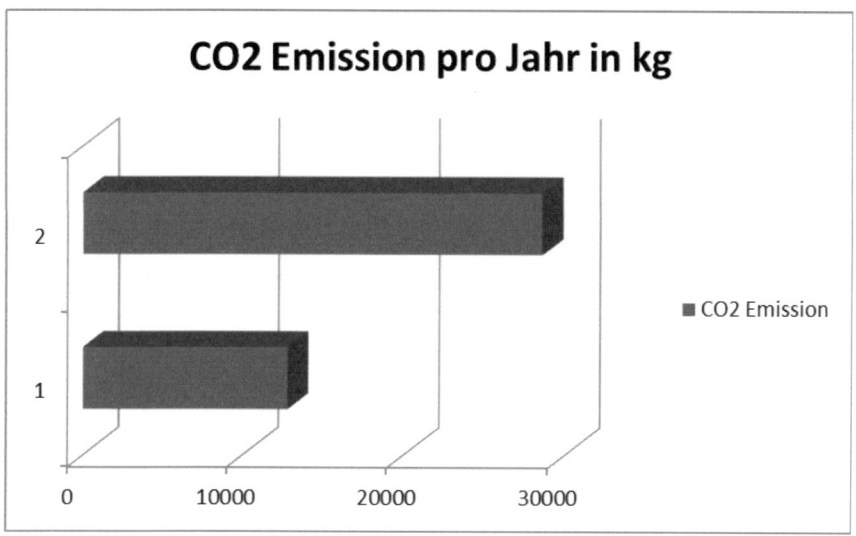

Abbildung 4-1: CO_2 Emission pro Jahr

Abbildung 4-1 demonstriert die CO_2 Emission nach einem Jahr Laufzeit beider Varianten. Balken 1 steht für die virtualisierte Lösung, die im Rahmen dieser Arbeit realisiert wurde und Balken 2 für die nicht virtualisierte Lösung. Im Ergebnis wurde die CO_2 Emission durch die Virtualisierung um 44,8% gesenkt.

4.3. Kostenersparnisse

4.3.1. Stromkosten

Bei der Ermittlung der Stromkosten wird von 20 Arbeitsplätzen ausgegangen.

Stromkostenverlauf
Verlauf virtualisiert
Kostentabelle

Jahr	Kosten virtualisiert
1	3.096,00 €
2	6.192,00 €
3	9.288,00 €
4	12.384,00 €

Verlauf nicht virtualisiert
Kostentabelle

Jahr	Kosten nicht virtualisiert
1	6.912,00 €
2	13.824,00 €
3	20.736,00 €
4	27.648,00 €

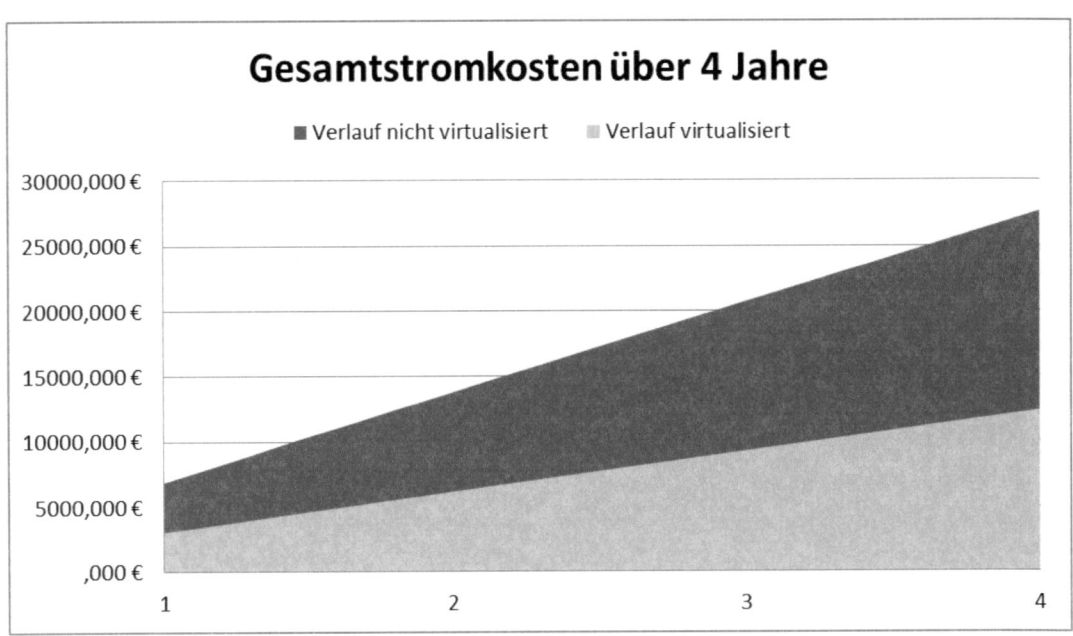

4.3.2. Materialkosten

Die Kostenstelle Lizenzen listet Lizenzkosten von VMware vSphere 4, Lab Manager und dem vCenter auf. Diese Preise sind für Schulungseinrichtungen und daher etwas günstiger, als die für Firmenanwender. Das Kostenmodell von VMware ist gestaffelt in Preis pro Prozessor.

Kostenstelle Lizenzen	
VMware vCenter	2.430,00 €
Support	509,00 €
vCenter Lab Manager	730,00 €
Support	130,00 €
vSphere Enterprise 1400/CPU	8.400,00 €
Support	293,00 €
Lizenzkosten gesamt	12.492,00 €

Nachfolgend stehende Tabellen beinhalten die Kostenaufteilung der einzelnen Kostenstellen. Hierbei wurden für jeden eingerichteten Arbeitsplatz pro Monat 2% des Anschaffungspreises an Wartungskosten berechnet. Diese beinhalten den entstehenden Personalaufwand durch Installation von Anwendungen und die Hardwarewartung. Daraus ergibt sich bei einem Anschaffungswert von 500 Euro pro Monat ein Wert von 10 Euro. Pro Jahr ergeben sich daraus 120 Euro.

Kostenstelle Kursraum I			
	Verlauf virtualisiert über 4 Jahre		
	Kostentabelle für 1 Arbeitsplatz		
Jahr	Einzelkosten	Wartungskosten	Gesamtkosten pro Jahr
1	500,00 €	120,00 €	620,00 €
2	- €	120,00 €	120,00 €
3	- €	120,00 €	120,00 €
4	- €	120,00 €	120,00 €
			980,00 €
		Bildschirm +	100,00 €
			1.080,00 €
		Anzahl Plätze	20x
		Gesamtkosten pro Kursraum	21.600,00 €

Kostenstelle Server	Einzelpreis	Wartung	Menge	Kosten
Server	2.000,00 €	480,00 €	3	7.440,00 €
Storage	5.000,00 €	1.200,00 €	1	6.200,00 €
Switche	1.000,00 €	240,00 €	3	3.720,00 €
		Gesamtkosten		17.360,00 €

Kostenstelle Kursraum II

Verlauf nicht virtualisiert über 4 Jahre

Kostentabelle für 1 Arbeitsplatz

Jahr	Einzelkosten	Wartungskosten	Gesamtkosten pro Jahr
1	500,00 €	120,00 €	620,00 €
2	- €	120,00 €	120,00 €
3	- €	120,00 €	120,00 €
4	- €	120,00 €	120,00 €
	Gesamtkosten(vorläufig)		980,00 €
	Bildschirm, Maus, Tastatur		100,00 €
	Gesamtkosten pro PC:		1.080,00 €
	Anzahl PCs pro Platz:		6
	Gesamtkosten pro Platz nach 4 Jahren		6.480,00 €
	Anzahl Plätze		20
	Gesamtkosten pro Kursraum		129.600,00 €

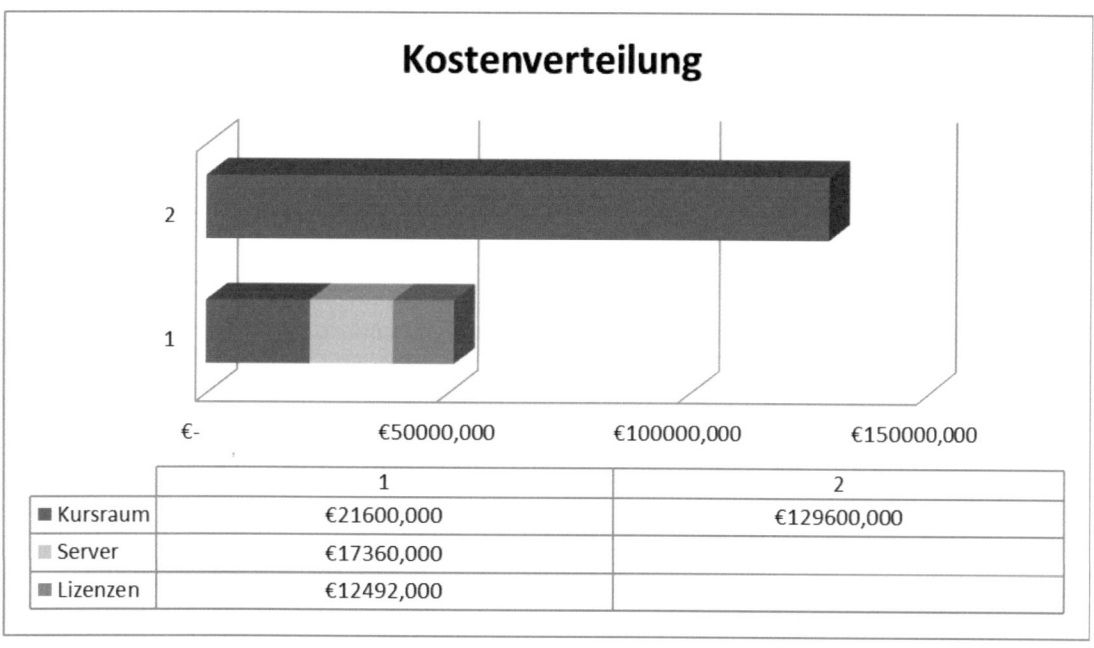

	1	2
■ Kursraum	€21600,000	€129600,000
▨ Server	€17360,000	
■ Lizenzen	€12492,000	

Abbildung 4-2: Kostenverteilung der Komponenten

Abbildung 4-2 gibt in 2 Balken die Gesamtkostenverteilung der einzelnen Komponenten farbig nach vier Jahren Laufzeit wieder. Hierbei wurden die Lizenzen für die Betriebssysteme nicht berücksichtigt, da diese in beiden Varianten gleich hoch sind. Die Lizenzen, die im Balken 1 enthalten sind, sind lediglich die Kosten der Kostenstelle Lizenzen, die für die Virtualisierungs Software notwendig sind.

Mit Hilfe der Virtualisierung kann nach 4 Jahren Laufzeit eine Kosteneinsparung der Materialien von 40 % erzielt werden. Insgesamt entspricht das 78.148,00 Euro.

4.4. Zeiteinsparung

Es wurden Zeitmessungen und Interviews nach den ersten Wochen, nachdem das System Lab Manager genutzt wurde, durchgeführt. Zusätzliche Beobachtungen bestätigten, dass es keinen Zeitunterschied zur nicht virtualisierten Lösung gibt. Der Grund liegt darin, dass das Einstellen der Nutzer und die gesamte Bedienung des self-service Portals des Lab Managers ebenfalls sehr viel Zeit beansprucht. In der nicht virtualisierten Lösung, die bisher im Einsatz war, wurde der Festplatteninhalt über ein PXE Boot abgeglichen wird, so dass die Betriebssysteminstallationen immer konsistent waren. Dadurch war der Sollzustand der Maschinen nach einigen Minuten über das Netzwerk vor dem Booten wiederhergestellt.

4.5.   Fazit

Die erarbeitete Realisierung entspricht voll und ganz den Erwartungen der Anwender und hat sich nunmehr bereits im praktischen Einsatz bewährt. Der Lehrer kann nun von seinem Masterplatz den Lernprozess seiner Schüler beobachten, kontrollieren und gegebenenfalls steuern. Die administrative Nacharbeit ist in der Regel nicht mehr notwendig. Dies ist abhängig von der zuvor eingestellten Option. Um aus pädagogischer Sicht die Lösung noch etwas zu verbessern, wäre es noch wünschenswert, wenn innerhalb eines Kurses eine Interaktion zwischen Lehrer und Schüler mittels eines Chats stattfinden könnte, um auch hier über das vorhandene System Lab Manager eine Kommunikation im Lehrer-/Schülermodell zu gewährleisten, dann wären auch Kurse über mehrere Etagen ohne im Blickfeld des Lehrers sein zu müssen, möglich. Informationsaustausch ist bislang nur verbal, wenn auch im schlimmsten Fall durch den gesamten Kursraum, möglich.

Mit Hilfe dieser virtualisierten Lösung ist es nun möglich, mit wenig Aufwand eine Schulungsumgebung bereitzustellen. Diese schnelle Bereitstellung setzt jedoch einen gewissen Zeitaufwand im Vorfeld voraus, nämlich die Erstinstallation der Templates. Präziser formuliert bedeutet das, dass vor Schulbeginn alle Templates vorbereitet und installiert werden müssen. Dieses Procedere lohnt sich natürlich nur dann, wenn in verschiedenen Kursen mit mehreren Betriebssystemen gearbeitet werden muss. Für kleine Umgebungen lohnt sich dieser Aufwand nicht.

5. Anhang 1: Verlaufsplan

Lfd. Nr.	Datum	Tätigkeit & Ergebnis
1	28.01.10	Erster Besuch am ESB in Hamm. Vorstellung bei den zukünftigen Ansprechpartnern. Klärung, was und ob etwas in Zukunft als Arbeit in Frage kommen könnte.
2	25.02.10	Einweisung durch den verantwortlichen in den Serverraum. Es wird geklärt, welcher Server welche Aufgabe haben soll und es wird dargestellt, wie die interne Verkabelung zwischen Switch – SAN – Server ist. Ich werde informiert über die Struktur innerhalb des Hauses und der Tätigkeit der HiTS GmbH.
3	04.03.10	Vorstellung beim Schulleiter und Erklärung meines Vorhabens innerhalb des ESB. Themenfindung mit den Verantwortlichen. Es geht in die Richtung Cloud Computing mit VMware vSphere 4
4	11.03.10	Ich bekomme Stundenpläne von Herrn Rittmann, Frau Grotegut und vom Raum E306. Herr Rittmann ist ab jetzt mein offizieller Ansprechpartner der nächsten Wochen.
5	17.03.10	Teilnahme bei der Übergabe des SAN. Das SAN wurde durch den Auszubildenden der Fa.HiTS innerhalb einer Projektarbeit eingerichtet. Einweisung meinerseits in den Serverschrank und in die dort vorhandene Hardware und geplante Serverlandschaft. Das SAN ist ab jetzt offiziell einsatzbereit und wurde dem ESB übergeben. Das SAN wurde in Ede II eingerichtet.
6	18.03.10	Mir wird EDE III zugeteilt. Dieser Server hat noch kein Betriebssystem. ESX 4.0 wurde installiert. MAC Adresse wurde dem DHCP Server übergeben, damit diese ab jetzt immer unter der selben IP Adresse verfügbar ist. Es gibt Probleme mit dem Netzwerk. Die Netzwerkdose, an der Server angeschlossen ist, war nicht gepatcht. Nach Rücksprache mit der HiTS, ist dieses nachträglich geschehen. Es fällt auf, dass das Netzwerk

Lfd. Nr.	Datum	Tätigkeit & Ergebnis
		zwischendurch zusammenbricht und nur durch einen Neustart von dem im Raum befindlichen eingeschlossenen Switch zu beheben ist.
7	19.03.10	Einrichtung einer Insel, indem ich mein Laptop direkt an den Server anschließe und von dort aus alle Arbeiten erledigte. Installation eines Windows 2008 R2 64 Bit Servers auf das SAN. Dieser Server soll später die Rolle des vCenter Servers einnehmen. Installation eines SQL 2008 Servers. Nach Rücksprache mit Herrn Braeuker ist dieser nicht unbedingt notwendig und auf den vorgeschlagenen SQL 2005 Express Edition wird statt dessen zurückgegriffen.
8	22.03.10	Installieren der Updates auf den Windows 2008 Server. Der Windows 2008 Server dient jetzt als vCenter und verwaltet EDE III.
9	29.03.- 11.04.10	Osterferien.
10	12.04.10	Installation Windows 2003 Server. Probleme mit dem vorhandenen Key.
11	13.04.10	Installation Windows 2003 Server mit Service Pack 2 auf dem SAN fertig gestellt. Installation vom Lab Manager nicht möglich, da dieser einen DNS Server benötigt. Eine Einrichtung eines DNS Servers innerhalb dieser Insel wäre fürs Gesamtergebnis zu aufwändig. Daher wird eine Migration ins reale Netzwerk geplant.
12	14.04.10	Die MAC Adressen des vCenter Servers und des Lab Managers werden in den DHCP eingetragen. Migration des ESX, des vCenters, des Lab Managers erfolgreich. Es treten keine Fehler im Netzwerk auf. Das Netzwerk läuft (vorerst) stabil.
13	15.04.10	Installation vom Lab Manager verlief erfolgreich.
14	20.04.10	Installieren eines Windows XP mit SP3 als Vorlage auf das SAN.
15	21.04.10	Installieren eines Windows 2008 Server R2 x64 auf dem SAN als Vorlage.
16	27.04.10	Der zweite bereits vorhandene ESX Server (EDE II) wird in das vCenter mit aufgenommen. Jetzt bestehen in diesem Datacenter „vmserv" 2 Hosts

Lfd. Nr.	Datum	Tätigkeit & Ergebnis
		auf denen virtuelle Maschinen ausgeführt werden können. Es wird auf beiden Hosts jeweils ein Ressourcen Pool eingerichtet, auf denen die Betriebssysteme der Schüler später laufen werden.
17	28.04.10	Windows XP als Vorlage vorbereitet. Configuration mit 1 Windows XP und 1 Windows 2008 Server zum Abruf mittels LiveLink vorbereitet. Vorbereiten von 26 Testusern im Lab Manager mit den dafür notwendigen Rechten.
18	29.04.10	Erster kompletter Benchmarktest in einem realen Kurs. Alle Schüler sollten ihren eigenen Workspace mittels LiveLink durch den Browser gleichzeitig abrufen und sich mit dem System vertraut machen. Einige Schüler haben freiwillig ein Active Directory in ihrer Umgebung erstellt. Alle Systeme laufen wie geplant und voneinander isoliert. Pro System und pro Schülerplatz existiert nun ein isoliertes Netzwerk. Problem: Windows 2008 Server verlangt eine neue Aktivierung, obwohl diese in der Basisvorlage bereits vorgenommen wurde. Die neuen virtuellen Maschinen sind jetzt nur 30 Tage ohne Aktivierung lauffähig. **Fazit:** Das gesamte Serversystem war in Spitzenzeiten ca 60% ausgelastet und ist somit bestens gerüstet für den Betrieb innerhalb eines größeren Schulungskurses
19	04.05.10	3 Fehlermeldungen im Lab Manager: The Host is not responding Host is in an unknown power state Lost Connection to vCenter Server Neustart von ESX,vCenter und Lab Manager. Die Netzwerkverbindung wurde zu Testzwecken vom Administrator ge-

Lfd. Nr.	Datum	Tätigkeit & Ergebnis
		kappt. Somit konnte keine Kommunikation zwischen den Servern stattfinden. Die bereitgestellten Workspaces wurden aus Lab Manager entfernt. Die erstellten autarken Netzwerke mussten alle einzeln „per Hand" entfernt werden. Windows XP wurde zum Klonen so vorbereitet, dass es beim bereitstellen nicht mehr aktiviert werden muss. Hierzu wurde das Programm sysprep mit der dazu erforderlichen vorbereiteten sysprep.ini verwendet. Das Vorbereiten von Windows 2008 Server hat nicht geklappt. Hier wird immer noch eine Aktivierung vom Betriebssystem angefordert.
20	05.05.10	Hinzufügen des dritten ESX Servers (EDE I) ins vCenter. Ressourcenpool auf EDE I eingerichtet und im Lab Manager registriert. Der Lab Manager entscheidet, auf welchen Hypervisor bereit gestellte Betriebssysteme laufen.
21	06.05.10	Recherche über Windows System Image Manager. Dieser ist fürs Vorbereiten von Windows 2008 R2 Servern zuständig. Die daraus resultierende XML Datei dient als Configfile (Antwortdatei) für den Shell Befehl sysprep. Windows 2008 Server ist nach der Bereitstellung immernoch nicht im aktivierten Modus.
22	11.05.10	Windows 2008 Server R2 wurde gemäß XML Datei erfolgreich vorbereitet. Beim Wiedereinschalten der jetzt geklonten Version läuft alles erfolgreich. Problem: Beim Importieren in den Lab Manager und anschließendem einschalten tritt ein Problem auf. Fehlermeldung: „Der Computer wurde unerwartet neu gestartet oder ein unerwarteter Fehler ist aufgetreten. Die Windows-Installation kann nicht fortgesetzt werden. Klicken Sie auf –ok-, um den Computer neu zu starten und führen Sie die Installation dann erneut aus." Problem gelöst: Man muss die Maschine nach dem Importieren und nach dem Erstellen eines Workspaces „ohne einschalten" deployen(bereitstellen). Erst dann als LiveLink verfügbar stellen. Dieser Prozess ist im Benutzerhandbuch ausführlich erklärt.
23	18.05.10	Einstellungen im Lab Manager vorbereitet. User hinzugefügt und Workspace mit Server und einem Client hinzugefügt. An diesem

Lfd. Nr.	Datum	Tätigkeit & Ergebnis
		Workspace einen DHCP für die Demonstration eingerichtet
24	19.05.10	Demonstration und Präsentation VMware vCenter Lab Manager
		Anwesend waren folgende Personen:
		Jens Braeuker it-Consulting + 1 Student
		Herr Ebel Fa. Hits
		Herr Lammert Fa.Hits
		Herr OStD Schmerder Schulleiter ESB
		Herr Rittmann ESB
		Frau Grotegut ESB
25	26.05.10	Schulung und Einweisung in das Lab Manager System mit den verantwortlichen
26	31.05.10	Entwerfen und Validieren des Presseberichtes für die örtliche Presse und den News Bereich auf der Internetseite www.esb-hamm.de
		Assistieren für eine Einrichtung für eine Prüfungsumgebung bestehend aus 6 Computern pro Arbeitsplatz

6. Anhang 2: Antwortdatei im XML Format

```xml
<?xml version="1.0" encoding="utf-8" ?>
<unattend xmlns="urn:schemas-microsoft-com:unattend">
<settings pass="generalize">
 <component name="Microsoft-Windows-Security-SPP" processorArchitec-
ture="amd64"
publicKeyToken="31bf3856ad364e35" language="neutral" versionScope="nonSxS"
xmlns:wcm="http://schemas.microsoft.com/WMIConfig/2002/State"
xmlns:xsi="http://www.w3.org/2001/XMLSchema-instance">
  <SkipRearm>1</SkipRearm>
 </component>
 <component name="Microsoft-Windows-PnpSysprep" processorArchitec-
ture="amd64" publicKeyToken="31bf3856ad364e35" language="neutral" version-
Scope="nonSxS" xmlns:wcm="http://schemas.microsoft.com/WMIConfig/2002/State"
xmlns:xsi="http://www.w3.org/2001/XMLSchema-instance">
  <PersistAllDeviceInstalls>true</PersistAllDeviceInstalls>
 </component>
 </settings>
 <settings pass="specialize">
<component name="Microsoft-Windows-Shell-Setup" processorArchitec-
ture="amd64"
publicKeyToken="31bf3856ad364e35" language="neutral" versionScope="nonSxS"
xmlns:wcm="http://schemas.microsoft.com/WMIConfig/2002/State"
xmlns:xsi="http://www.w3.org/2001/XMLSchema-instance">
  <ProductKey>AAAAA-BBBBB-CCCCC-DDDDD-EEEEE</ProductKey>
  <RegisteredOrganization>ESB</RegisteredOrganization>
  <RegisteredOwner>Mustermann</RegisteredOwner>
 </component>
 </settings>
 <settings pass="oobeSystem">
<component name="Microsoft-Windows-International-Core" processorArchitec-
ture="amd64" publicKeyToken="31bf3856ad364e35" language="neutral" version-
Scope="nonSxS" xmlns:wcm="http://schemas.microsoft.com/WMIConfig/2002/State"
xmlns:xsi="http://www.w3.org/2001/XMLSchema-instance">
  <InputLocale>de-DE</InputLocale>
  <SystemLocale>de-DE</SystemLocale>
  <UILanguage>de-DE</UILanguage>
  <UserLocale>de-DE</UserLocale>
 </component>
 <component name="Microsoft-Windows-Shell-Setup" processorArchitec-
ture="amd64"
publicKeyToken="31bf3856ad364e35" language="neutral" versionScope="nonSxS"
xmlns:wcm="http://schemas.microsoft.com/WMIConfig/2002/State"
xmlns:xsi="http://www.w3.org/2001/XMLSchema-instance">
 <OOBE>
  <HideEULAPage>false</HideEULAPage>
  </OOBE></component></settings>
<cpi:offlineImagecpi:source="wim:f:/sources/install.wim#Windows Server 2008 R2 SERVER-
ENTERPRISE" xmlns:cpi="urn:schemas-microsoft-com:cpi" />
 </unattend>
```

7. Anhang 3: Auslastungsdiagramm eines Hosts

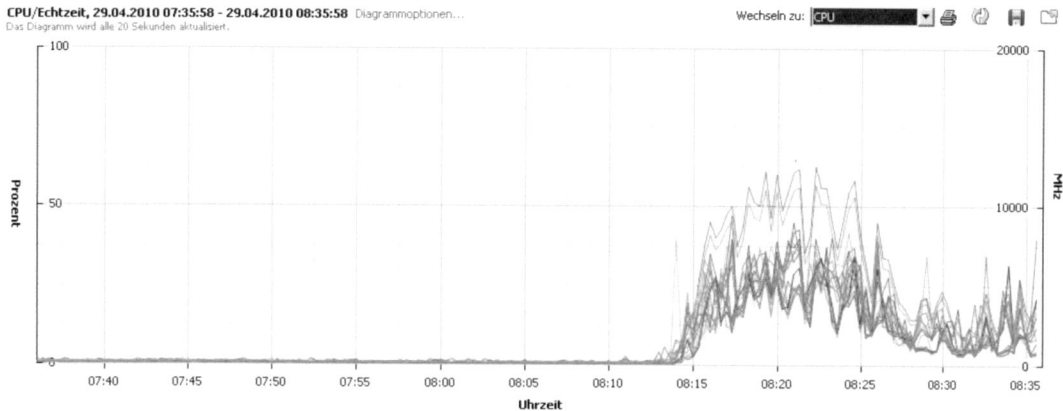

Abbildung 7-1: CPU/Echtzeit Auslastungsdiagramm beim Starten mehrerer virtueller Maschinen

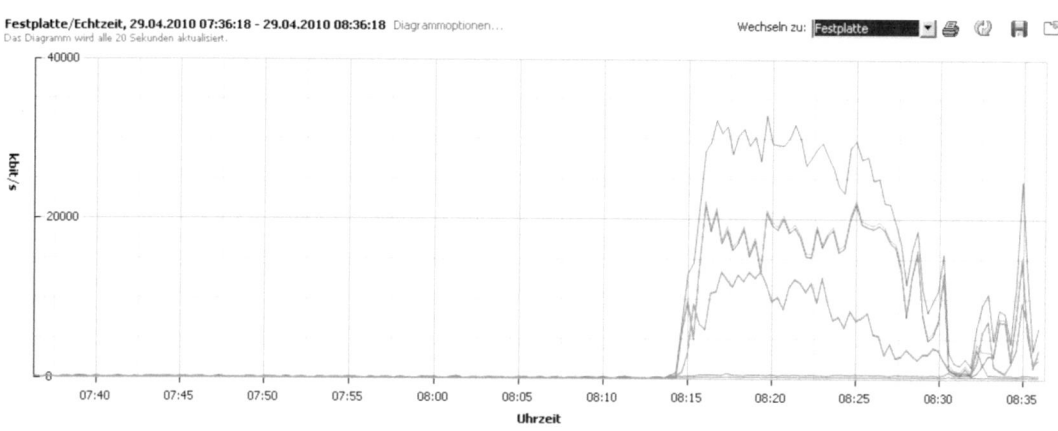

Abbildung 7-2: Festplatte/Echtzeit Auslastung beim Starten mehrerer virtuellen Maschinen

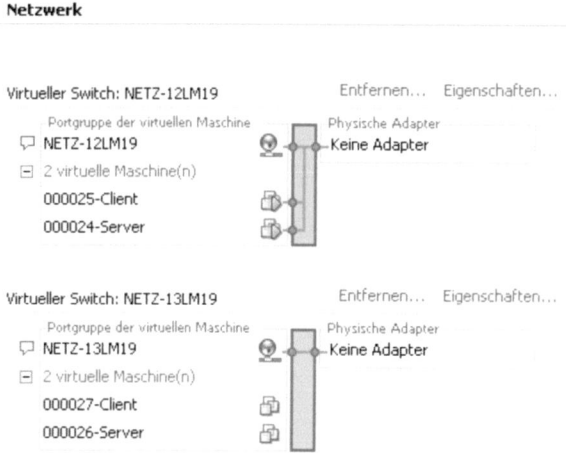

Abbildung 7-3: Ausschnitt aus der Netzwerkübersicht eines Hosts

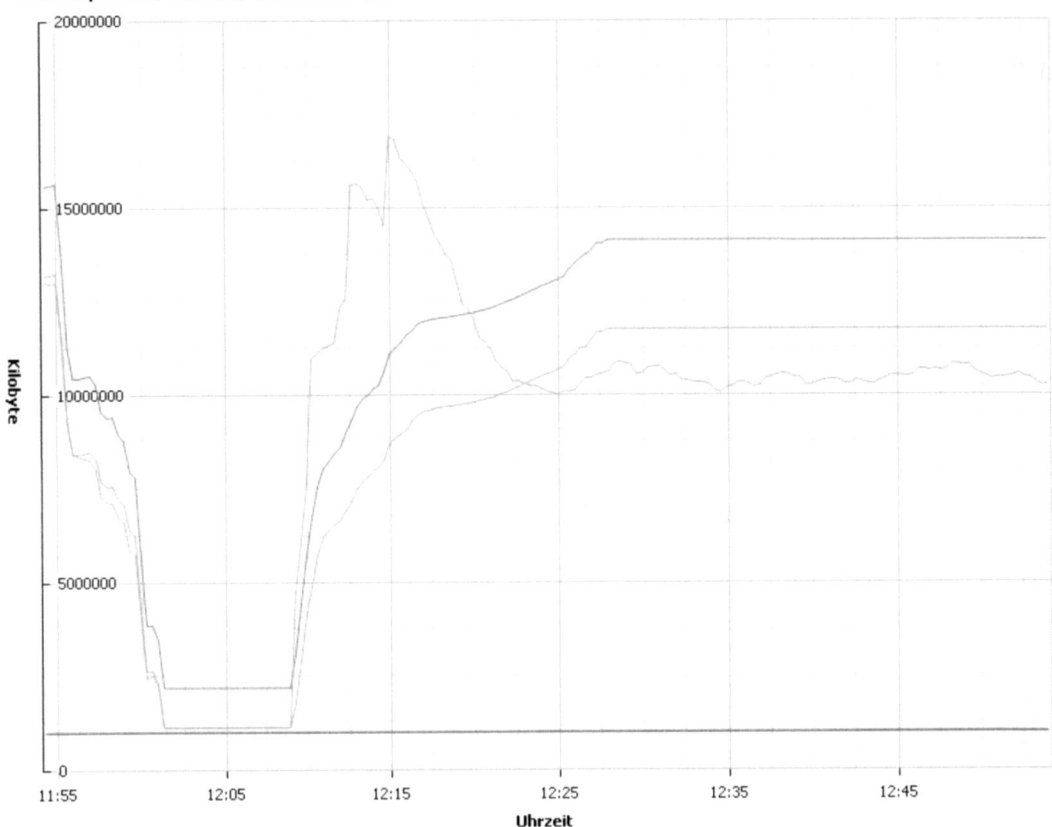

Arbeitsspeicher/Echtzeit, 31.05.2010 11:54:05 - 31.05.2010 12:54:05 - 10.1.19.249

Legende für Leistungsdiagramm

Schlüssel	Objekt	Messung	Rollup	Einheiten
	10.1.19.249	Balloon	average	Kilobyte
	10.1.19.249	Belegt	average	Kilobyte
	10.1.19.249	Aktiv	average	Kilobyte
	10.1.19.249	Gemeinsam genutzter allgemeiner Speicher	average	Kilobyte
	10.1.19.249	Zugeteilt	average	Kilobyte
	10.1.19.249	Verwendete Auslagerung	average	Kilobyte

Abbildung 7-4: Auslastungsdiagramm Arbeitsspeicher zu Beginn einer Prüfung

8. Abbildungsverzeichnis

9. Literaturverzeichnis

1. **Zimmer, Dennis.** *VMware vSphere 4.* Bonn : Galileo Press, 2010.

2. —. *VMware Server & VMware Player.* Bonn : Galileo Press, 2006.

3. **Larisch, Dirk.** *VMware Server.* Wuppertal : Carl Hanser Verlag, 2007.

4. **Ahnert, Sven.** *Virtuelle Maschinen mit VMware und Microsoft.* München : Addison-Wesley, 2007.

5. **Schnackenburg, Paul.** Überblick über System Center Virtual Machine Manager 2008 R2 RC. *TechNet Magazine.* [Online] Microsoft. [Zitat vom: 4. Juni 2010.] http://technet.microsoft.com/de-de/magazine/2009.09.vmmr2.aspx.

6. **Baumeister, Johann.** Test - Virtual Machine Manager 2008. *Tec Channel IT Experts inside.* [Online] IDG BUSINESS MEDIA GMBH München , 19. April 2009. [Zitat vom: 05. Juni 2010.] http://www.tecchannel.de/server/virtualisierung/1979991/test_microsoft_virtual_machine_manager_vmm/.

7. **Kuppinger, Martin.** Virtual Machine Manager. *Tec Channel IT Experts inside.* [Online] IDG BUSINESS MEDIA GMBH München , 17. Februar 2007. [Zitat vom: 05. Juni 2010.] http://www.tecchannel.de/pc_mobile/windows/462259/virtual_machine_manager/.

8. **Microsoft Corporation.** Die wichtigsten Vorteile von Virtual Machine Manager 2008 R2. [Online] Microsoft Corporation, 2010. [Zitat vom: 05. Juni 2010.] http://www.microsoft.com/germany/systemcenter/scvmm/evaluation/vorteile-r2.mspx.

9. **Citrix.** Product Documentation . *Citrix Product Documentation Library.* [Online] Citrix. [Zitat vom: 06. Juni 2010.] http://support.citrix.com/proddocs/index.jsp?lang=en.

10. Das beiliegende Betriebshandbuch

10.1. Allgemeine Übersicht

Dieses Dokument gibt ausführliche Informationen über das Rechenzentrum am Eduard-Spranger Berufskolleg in Hamm. Im Raum hinter E306 befindet sich folgende Hardware:

- ✓ 2x 24 Port Gigabit Switche von 3Com
- ✓ 3x HP Server, Intel Xeon E5520 Prozessor, 2.26 GHz, 8MB Cache
- ✓ 1x SAN Storage mit 6x 146 GB SAS, 15k, 3.5 Zoll Festplatten

Dieser Raum ist nur über den Raum E306 zu erreichen und ist nicht gesondert durch eine Tür abgetrennt. Alle Komponenten befinden sich in einem Serverschrank und sind durchgehend in Betrieb. Dieses System wurde zu Schulungszwecken angeschafft, um eine praxisnahe Lehre zu gewährleisten. Im Rahmen einer Bachelorarbeit wurde die Einrichtung mit VMware vCenter Server und dem dazu gehörigen Lab Manager 4.0 eingerichtet, getestet und übergeben.

10.2. ESX Server

10.2.1. Technik & Zugang

Auf allen drei Servern läuft jeweils ein ESX Server in der Version 4.0. Die Festplatten auf den Servern werden mit einem gespiegelten RAID betrieben. Die Server booten von den lokalen Festplatten ins ESX 4. Es ist möglich, sich mit dem vSphere Client auf einen dieser Server aufzuschalten. Davon wird jedoch abgeraten, da alle im vSphere Datencenter verwaltet werden. Verbindet man sich direkt auf den Server, erscheint eine Meldung, dass dieser Host bereits von einem vCenter Server verwaltet wird. Diese Meldung dient lediglich zur Information. Die nachfolgend stehende Tabelle zeigt die IP Adressen und die MAC Adressen der drei Server. Die Server sind mit kleinen Namensschildern gekennzeichnet. Zur vereinfachten Orientierung ist der oberste Server in der Tabelle auch gleichzeitig der Oberste im Serverschrank.

Servername	IP Adresse	MAC Adresse
Ede I	10.1.19.249/16	00:24:81:e8:35:52
Ede II	10.1.19.253/16	00:24:81:e8:2f:08
Ede III	10.1.19.252/16	00:24:81:e8:9a:ec

10.2.2.   Grafische Darstellung des Speichernetzwerkes

Alle drei ESX Server haben eine Verbindung zum SAN und sind auch dementsprechend konfiguriert. Die folgende Abbildung zeigt, wie die Verbindung zu den einzelnen Switchen und zum SAN schematisch aussieht. Die Farben der Linien sind willkürlich gewählt und dienen nur der besseren Übersicht.

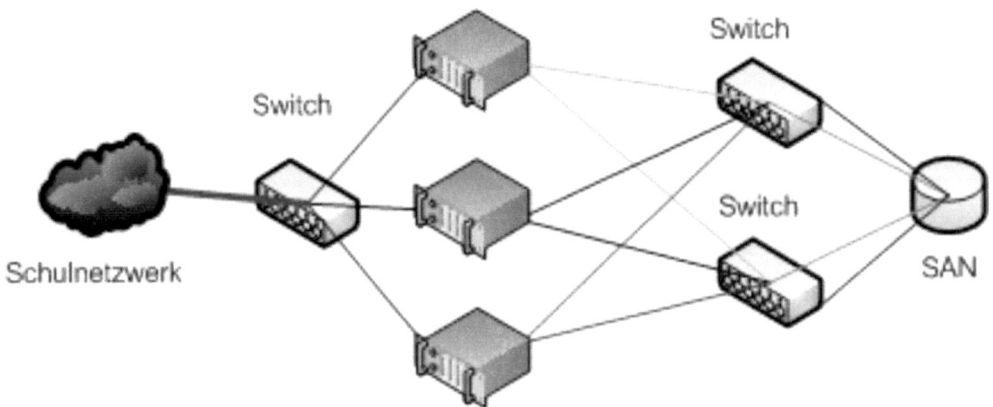

10.3.   VMware vCenter Server

Der vCenter Server ist das Kernstück des ganzen Datencenters. Sowohl alle physikalischen als auch alle virtuellen Maschinen werden vom vCenter Server verwaltet und sind dort in der Datenbank registriert.

10.3.1.   Mindestvoraussetzung

Der vCenter Server ist eine Applikation, die unter Windows 2008 als Dienst ausgeführt wird. Der Hersteller (VMware) empfiehlt den Einsatz eines 64 Bit Betriebssystems für diesen Dienst. **Auf Ede III läuft dieser Dienst in einer virtuellen Maschine in einem 64Bit Windows 2008 R2.** Zudem sind 4GB Arbeitsspeicher und 30GB Festplattenspeicher für diese Maschine reserviert worden. Während des Betriebs fällt auf, dass der SQL Server eine hohe Menge Arbeitsspeicher benutzt, daher sind die 4GB Arbeitsspeicher sehr gut investiert.

10.3.2.   Technik & Zugang

Das Betriebssystem ist so konfiguriert, dass es nach starten des Hypervisors automatisch nach 10 Sekunden hochfährt. Für den Prozess beim Herunterfahren ist es ebenfalls entsprechend konfiguriert. Der vCenter Server arbeitet mit einer mitgelieferten Microsoft SQL 2005 Express Datenbank. Für den Einsatz im ERZ reicht diese mitgelieferte Version völlig aus, da Enterprise Versionen bei größeren Datencentern erst sinnvoll ist. Es ist möglich, diese Datenbank durch eine proprietäre Datenbank von Oracle ab Version 10 oder Microsoft SQL 2008 Enterprise zu ersetzen. Um das Datencenter konfigurieren zu können, meldet man sich mit dem **vSphere Client** auf den vCenter Server an. **Der vCenter Server muss mit dem Administratorzugang an folgende IP Adresse aufgerufen werden:**

vCenter	IP Adresse	MAC Adresse
	10.1.19.250/16	00-0C-29-e3-d1-06

Hinweis: Der vCenter Server ist eine virtuelle Maschine auf Ede III.

10.3.3.   Ressourcen Pools

Im vCenter ist auf jedem Server mindestens ein Ressourcen Pool definiert. Diese Pools dürfen auf keinen Fall aus dem vCenter gelöscht werden, da diese die Basis für den Lab Manager bilden. Ressourcen Pools sind sehr nützlich, um die Lab Manager Umgebung von restlichen Umgebungen abzuschotten. Hierbei handelt es sich um folgende Ressourcen Pools. Folgende Tabelle spiegelt die Logik der Einteilung wider. Zur vereinfachten Orientierung ist der oberste Server auch gleichzeitig der Oberste im Serverschrank.

Server	IP Adresse	Ressourcen Pool
Ede I	10.1.19.249/16	LabPool01
Ede II	10.1.19.253/16	LabPool02
Ede III	10.1.19.252/16	LabPool03

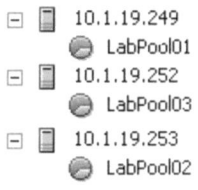

Ansicht aus dem vCenter Server.

10.3.4. Grafische Darstellung des Trainingsnetzwerkes

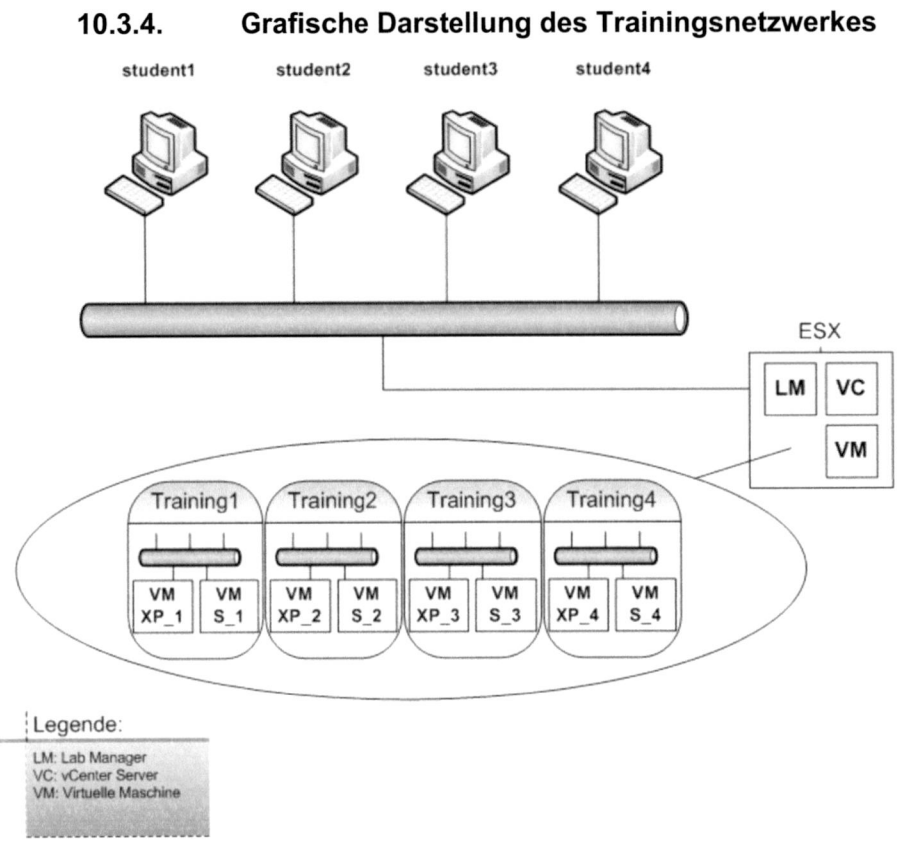

Abbildung 10-1: Grafische Darstellung des gesamten Systems

Aus Abbildung 10-1 geht hervor, dass der Benutzer (z.B. student1) nach dem Login zum Lab Manager seine eigene Netzwerkumgebung nutzt(z.B.Training1). Es ist nicht möglich, zwischen den einzelnen Netzwerken zu kommunizieren. Jeder Benutzer arbeitet mit einem Windows XP Client und Windows 2008 Server R2. Alle aus dem Lab Manager erstellten virtuellen Maschinen werden im vCenter registriert. Wird der Browser beim Benutzer geschlossen, laufen trotzdem noch alle virtuellen Maschinen im vCenter weiter.

10.4. VMware vCenter Lab Manager

10.4.1. Mindestvoraussetzungen

Für den Einsatz des Lab Managers wird folgendes vorausgesetzt:

- ESX oder ESXi Server 4.0 oder Version 3.5
- vCenter Server – dort werden die virtuellen Maschinen registriert und bearbeitet
- Genug Speicherplatz für die Betriebssystem Bibliothek
- Windows 2003 Server Standard oder Enteprise 32-Bit mit Service Pack 2 virtuell oder physisch (Ein Windows 2008 Server wird hier **NICHT** unterstützt!)
- ASP.NET v2.0 Service Pack 1 oder neuer
- .NET Framework 2.0 SP1 oder neuer
- MS Internet Information Service (IIS)
- System darf kein Domain Controller sein
- Mind. 512 MB Arbeitsspeicher
- Mind. 1 Netzwerkkarte mit statischer IP
- Administratorrechte
- Keine alte installierte Version vom Lab Manager
- Konfigurierten primären DNS Suffix

10.4.2. Technik & Zugang

Der Lab Manager wird als Dienst auf dem Windows 2003 Server ausgeführt. Der Hypervisor ist so eingerichtet, dass Windows 2003 nach einigen Sekunden ebenfalls startet, wenn der Hypervisor hochgefahren wurde. Der Lab Manager basiert auf einer Microsoft SQL 2005 Express Datenbank. Er wird von einer Web Administrations Oberfläche(self-service Portal) aus verwaltet. Dem Administrator wird es hierbei ermöglicht, vom beliebigen Standort im Netzwerk aus, das System zu verwalten. Der administrative Zugang, also Username und Passwort, wird während der Installation festgelegt. **Der Server muss mit dem Administratorzugang an folgende IP Adresse mittels Web Browser aufgerufen werden:**

Lab Manager	IP Adresse	MAC Adresse
	10.1.19.251/16	00:50:56:97:78:9c

Hinweis: Der Lab Manager ist einer virtuellen Maschine auf Ede III.

Wahlweise ist auch der Zugang über den DNS Namen möglich.

10.4.3. Assoziationen

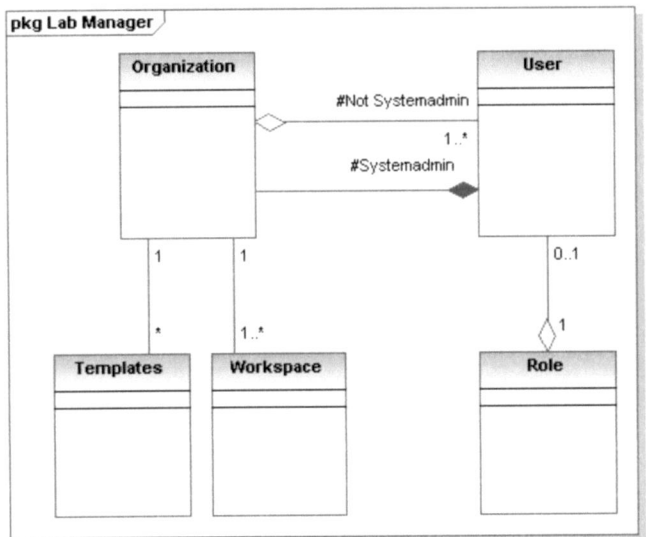

Abbildung 10-2: Zusammenhänge im Lab Manager

In Abbildung 10-2 werden die Assoziationen zwischen den Klassen verdeutlicht. Jede neu erstellte *Organization* hat einen Systemadministrator. Es ist nicht möglich, diesen zu entfernen. Genauso gehört jeder *User* zu einer Rolle. Man muss z.B. erst die Rolle „Kursteilnehmer" definieren, bevor ein *User* als „Kursteilnehmer" hinzugefügt werden kann. Ein *User* ohne Rollenzugehörigkeit zu erstellen, ist nicht möglich. Es ist ebenfalls nicht möglich, Rollen zu löschen, zu denen *User* zugeordnet sind. Ein *User* gehört zu einer *Organization*. Es ist aber möglich, dass der Systemadministrator andere *User* aus fremden *Organizations* importiert.

10.4.4. Organizations

Eine *Organization* kann als einen abgeschotteten Sektor interpretiert werden. Alle virtuellen Maschinen und Nutzer einer *Organization*, können nicht mit anderen *Organizations* in Kontakt treten, sofern dies so konfiguriert ist. Es ist weiterhin möglich, Nutzer anderer *Organizations* zu importieren. Diesen Nutzern kann dann eine ganz andere Rolle zugeordnet werden, als sie in anderen *Organizations* bereits haben.

10.4.5. Workspaces/Configurations

Eine *Configuration* ist ein gekapselter Satz an virtuellen Maschinen. Jeder Nutzer hat seine eigene Configuration, in der mehrere virtuelle Maschinen sein können. Eine *Configuration* gehört zu einem *Workspace*, in dem wiederum mehrere *Configurations* mit unterschiedlichen Betriebssystemen sein können.

Abbildung 10-3 zeigt die Administratoransicht einer Configuration mit drei Betriebssystemen.

Für die Schulung werden ein Windows XP und ein Windows 2008 Server R2 64 Bit einge-richtet. Eine *Configuration* kann beim ersten Mal mittels *LiveLink* aus dem Archiv geklont werden. Dieser Prozess sollte jedoch nur ein Mal stattfinden, da der Benutzer sonst mehrere *Configurations* mit denselben Betriebssystemen vor sich hat.

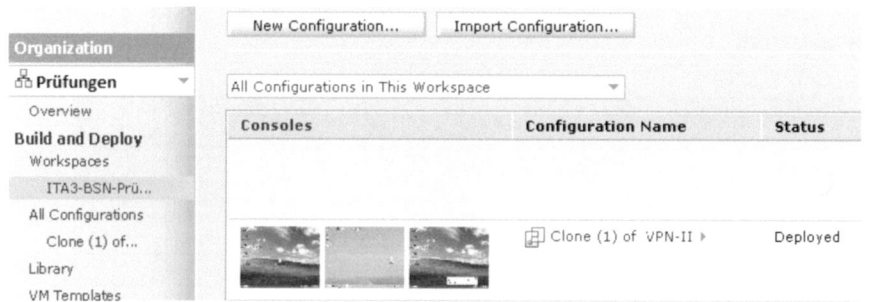

Abbildung 10-3: Eine Configuration mit Status:Deployed

Abbildung 10-4 Workspace Main in Organization MCITP Mittwoch

10.4.6. Users

Jeder *User* gehört zu einer Rolle. Ein *User* ohne Rollenzugehörigkeit zu erstellen, ist nicht möglich. Eine Besonderheit hat der User der *Organization* „Global". Hier wird der *User* als Rolle „System Administrator" definiert.

10.4.7. System Administrator vs. Administrator

Ein System Administrator hat Zugriff auf alle *Organizations*, die auf dem Lab Manager gespeichert sind. Ein Administrator hat nur vollen Zugriff auf seiner zugeteilten *Organization*. Es ist nicht möglich, einem *User* sowohl System Administrator Rechte, als auch Administrator Rechte zuzuweisen.

10.4.8. Roles

Eine Rolle definiert die Privilegien eines *Users*. Für die Rolle „Kursteilnehmer" wurden folgende Eigenschaften aktiviert.

Kategorie	Aktiviertes Recht
Workspace Configuration	Add Machine
	Create
	Deploy
	Edit Properties
	View
Library Configuration	Clone To Workspace
	Create
	Edit Properties
	LiveLink[2]
	View
Machine	Alle Optionen aktiviert
Workspace	Clone To
	Create
	Edit Properties
	View
Overview	View
Preferences	View
Activity Log	View

---

[2] Diese Option kann deaktiviert werden, sofern der Einsatz eines LiveLink nicht durchgeführt wird

10.4.9. Ressourcen Pools

Ressourcen Pools sind sehr nützlich, um die Lab Manager Umgebung von restlichen Umgebungen abzuschotten. Die vom Lab Manager erstellten virtuellen Maschinen werden in den Ressourcen Pools der einzelnen Hosts verteilt, so dass die Belastungen auf die einzelnen Hosts im ERZ verteilt sind. Ressourcen Pools werden unter dem Menüpunkt „Resources" im Lab Manager verwaltet.

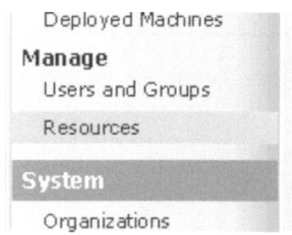

10.4.10. Network Templates

Zu jedem *Workspace* gehört ein *Network Template*.

Im Lab Manager werden *Network Templates* über den gleichnamigen Menüpunkt auf der linken Seite aufgelistet und erstellt.

Es existiert ein Netzwerk namens „EigenesNetz". Dieses Netzwerk beinhaltet einen IP-Adressenpool von 2 Adressen. Diese beiden Adressen werden nachher dem Client und dem Server vergeben. Das *Template* ist so eingestellt, dass es von allen *Organizations* aus abgerufen werden kann. Eine Kommunikation zwischen den zugeordneten *Templates* und ins Schulnetz, ist mit der „Fenced Only" Option deaktiviert worden.

10.4.11. Vorbereiten/Importieren der Betriebssysteme

Bevor eine virtuelle Maschine in einem neuen *Workspace* bereitgestellt werden kann, wird es vorbereitet. Diese Vorbereitung wird nur beim ersten Start durchgeführt. Hierbei wird das Betriebssystem für die Hardwareunabhängigkeit vorbereitet. Bei dieser Vorbereitung, geht es darum, die SID (Security Identifier) des Betriebssystems neu zu setzen.

Zum Vorbereiten der Betriebssysteme gibt es mehrere Wege. Für Windows XP wird das von Microsoft hauseigene Programm Sysprep benutzt. Für Microsoft Windows 2003 Server (32&64 Bit), Windows 2000, Windows XP (32&64 Bit) geht man folgenden Weg. Das Programm Sysprep ist auf jeder Windows CD im Ordner SUPPORT\TOOLS in der Datei *Deploy.cab* zu finden. Diese Datei muss in den Ordner **Tools\CustomizeGuest\Windows\Sysprep** im Lab Manager Programme Verzeichnis auf dem Windows 2003 Server in den jeweiligen Unterordner kopiert werden. Erst jetzt kann in

der Administrations Konsole unter „Settings->Guest Customization" das Betriebsvorberei-
tungs Paket vorbereitet werden, indem man auf „Build Package" klickt.

Jetzt kann Windows XP als *Template* im Lab Manager importiert werden. Bei einem Deploy
(also wenn das Betriebssystem bereit gestellt wird) und anschließendem hochbooten wird das
Betriebssystem automatisch mit Sysprep vorbereitet. Dieser Vorgang wird pro *Configuration*
einmal ausgeführt.

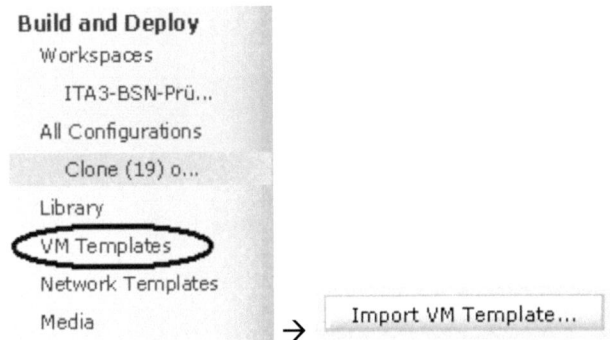

Für Windows Vista, 7 und Server 2008 & 2008 R2 ist dieses Vorgehen anders. Bei diesen
Betriebssystemen ist bereits ein Sysprep im Windows Ordner unter %WIN-
DIR%\SYSTEM32\SYSPREP zu finden und muss mittels einer XML Datei die Systemeinstellungen vorkonfiguriert werden. Dies **MUSS VOR DEM IMPORTIEREN IN DEN LAB
MANAGER** geschehen. Hierzu geht man folgenden Weg: Man lädt auf der Microsoft Seite
den Windows Automated Installation Kit (Windows AIK) herunter und benutzt das Programm Windows System Image Manager. **VORSICHT:** Es gibt verschiedene Versionen für
Windows 2008 Server und **Windows 2008 Server R2!** Mit diesem Programm wird eine sogenannte Antwortdatei erstellt, in der Windows Einstellungen gespeichert sind. In der Anlage
dieses Dokumentes findet sich eine Tabelle mit den notwendigen Komponenten für den Einsatz im Schulungsraum E306.

Schritt 1(Gilt für Windows Server 2008 R2):

Wenn die .xml Datei fertig ist, wird diese mit folgendem Befehl in einem DOS Eingabeauf-
forderungs Fenster mit Administrationsrechten aufgerufen.

sysprep /generalize /oobe /shutdown /unattend:sysprep.xml

Mit der Option **/generalize** werden hardwarespezifische Informationen aus der Windows-
Installation entfernt.

Mit der Option **/oobe** wird bei der Windows Installation beim nächsten Neustart die Windows-Willkommensseite aufgerufen.

Mit der Option **/shutdown** wird die Windows Installation heruntergefahren, wenn der gesamte Prozess fertig ist.

Mit der Option **/unattend:sysprep.xml** wird die Referenzdatei angegeben, in der die Einstellungen gespeichert sind. Diese Datei ist bei den verantwortlichen verfügbar.

Schritt 2:

Die virtuelle Maschine ist nun heruntergefahren. Aus dem vSphere Client muss diese virtuelle Maschine nun als Vorlage konvertiert werden.(Rechtsklick->Vorlage->"In Vorlage konvertieren")

Schritt 3:

In Lab Manager einloggen

➔ Zur *Organization* wechseln, in der die VM sichtbar sein soll
➔ Menüpunkt *VM Templates*
➔ Button Import *VM Template*
➔ Der VM einen Namen geben und auswählen
➔ Network auswählen, wenn hier nur *labmanager2k3 default* zur Auswahl ist, ist kein entsprechendes Netzwerk freigegeben oder eingerichtet. Auszuwählen ist hier „EigenesNetz", im „Destination Datastore" das SAN auswählen! Dies bedeutet, dass hier die VM in den Lab Manager importiert wird und alle *User* später auf diese VM als Referenz zugreifen.
➔ Fencing Policy auf „Fenced Only" einstellen. Diese Einstellung verhindert den Zugriff ins physikalische Netzwerk.
➔ VM ist jetzt im Lab Manager.
➔ Im VM Menü auf Publish klicken (Erst jetzt kann diese VM in neuen *Configurations* sichtbar sein)
➔ Im VM Menü Properties aufrufen
➔ Checkbox in der Sektion SID mechanism von „Sysprep" auf „None" setzen. (Anm.: Das System ist ja bereits vorbereitet, eine neue Vorbereitung führt zum Systemabsturz bzw. schwarzem Bildschirm)
➔ Fenster mit Update schließen

Schritt 4:

➔ Neuen Workspace erstellen (Main -> New Configuration)
➔ Namen vergeben, Rest unverändert lassen
➔ Maschine hat jetzt Status: Undeployed

→ Deploy (**NICHT** Deploy with defaults) im VM Menü öffnen

→ Option „Power on machines after deployment" entfernen (Anm.: Wir wollen das System nachher klonen, würden wir es jetzt hochfahren, wären alle Einstellungen nicht gespeichert), Rest unverändert

→ VM hat jetzt den Status: Deployed

→ Fertig und weiter mit Kapitel 10.4.12

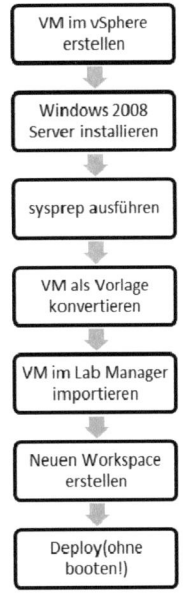

Abbildung 10-5: Arbeitsabläufe

Abbildung 10-5 zeigt noch einmal die vorhin durchgeführten Arbeitsschritte in geordneter Reihenfolge.

10.4.12. Einrichten einer Trainingsumgebung

Der Kursteilnehmer kann eigenständig seine Schulungsumgebung auf Basis eines Archives erstellen. Diese Methode nennt sich *LiveLink* und ist dann zu empfehlen, wenn es sehr viele Kursteilnehmer gibt oder vorher die Anzahl aller Kursteilnehmer unklar ist. Diese Methode ist bei der ersten Ausführung sehr Festplattenintensiv, da nach der Bereitstellung der Betriebssysteme alle gleichzeitig gestartet und vorbereitet werden. Für das verfügbare SAN ist dies jedoch keine größere Herausforderung.

10.4.12.1. ...mittels LiveLink

→ *Configuration* mit Client und Server erstellen

→ **Deploy** auswählen (**NICHT** Deploy with defaults)

→ Option „Power on machines after deployment" **entfernen** (Anm.: Wir wollen das System nachher clonen, würden wir es jetzt hochfahren, wären alle Einstellungen weg), Rest unverändert

→ VM hat jetzt den Status: Deployed

→ **Capture To Library** im VM Menü auswählen

→ Namen für diesen Capture eingeben

→ Menüpunkt **Library** auf der linken Seite öffnen

→ Bei dem Captureeintrag den Menüpunkt **Sharing** aufrufen, um anzugeben, für welche User diese Archiveinstellung abrufbar sein soll.

→ Wenn die Nutzer ausgewählt sind, kann der Link über den Menüpunkt **LiveLink** eingesehen werden. Dieser Link MUSS von den Schülern nur **ein Mal** abgerufen werden.

Nachdem sich die Schüler einloggt haben, müssen diese auf **Deploy** klicken. In diesem Moment wird ein Clone der Konfiguration aus dem Archiv erzeugt.

10.4.12.2.   ...Workspace individuell

→ *Configuration* mit Client und Server erstellen

→ Deploy auswählen (**NICHT** Deploy with defaults)

→ Clone auswählen

→ Name eingeben (der Rest kann voreingestellt bleiben)

→ Beim neuen geklonten System Deploy auswählen (NICHT Deploy with defaults)

→ Option „Power on machines after deployment" **entfernen** (Anm.: Wir wollen das System nachher clonen, würden wir es jetzt hochfahren, wären alle Einstellungen weg), Rest unverändert

→ VM hat jetzt den Status: Deployed

→ Im VM Menü Sharing den Nutzer (Singular!) auswählen, der damit arbeiten soll

→   Nutzer kann sich jetzt mit seinen Daten einloggen und sieht dann nur diesen Workspace

10.4.13.   Löschen von Configurations/VM Templates

Bevor eine *Configuration* gelöscht werden kann, muss diese den Status „Undeployed" haben. *Undeploy* im MouseOver Menü anklicken und erst dann kann „delete" angeklickt werden. Gleiches Vorgehen gilt für *VM Templates*. Hier muss das Template im MousOver Menü auf Status „unpublished" stehen, bevor es gelöscht werden kann.

10.4.14.   Tipps

Wenn ein und dasselbe *VM Template* in allen *Organizations* genutzt wird, ist es nicht nötig, es in allen *Organizations* extra zu importieren. Bei diesem Vorgehen würde sinnloser Storageplatz verbraucht werden.

Als Lösung gibt es die Sharing Methode. Mit dieser Methode können die virtuellen Maschinen in anderen *Organizations* genutzt werden. Hierzu folgendes Vorgehen:

➜ VM Templates auswählen

➜ Menü der VM öffnen und auf *Sharing* klicken

➜ Die *Organization* auswählen, in der die VM sichtbar sein soll

➜ Fertig!

Dieses Vorgehen setzt Systemadministrator Rechte voraus und ist auch mit Network Templates durchführbar.

10.5. Anhang Betriebshandbuch

Komponente	Erklärung
Microsoft-Windows-PnpSysprep	Alle Plug&Play Informationen des Betriebssystems bleiben während der Bereitstellung bestehen. Vorteil: Weniger Auslastung beim ersten Start aller Kurszeilnehmer
Microsoft-Windows-Security-SPP	Umgeht das Zurücksetzen der Aktivierung beim bereit stellen Befehl.
Microsoft-Windows-Shell-Setup	Setzt Product-Key, Besitzernamen, Organisation und lässt Endbenutzer Lizenzvertrag beim ersten Start anzeigen.
Microsoft-Windows-International-Core	Setzt länderspezifische Sprache.

Erklärungen der in der Antwortdatei verwendeten Komponenten.

10.5.1. Übersicht über die Antwortdatei im System Image Manager

Die Antwortdatei ist eine XML-Datei (Extensible Markup Language) und kann in jedem Text-Editor, z. B. im Editor von Microsoft, gelesen werden.

Folgende Einstellungen müssen enthalten sein

Konfigurationsphase	Komponente	Wert
3 **Generalize**	Microsoft-Windows-PnpSysprep	`PersistsAllDeviceInstalls` = **true**
3 **Generalize**	Microsoft-Windows-Security-SPP	`SkipRearm` = **1**
4 **Specialize**	Microsoft-Windows-Shell-Setup	`Product Key` = *\<Product Key>* `RegisteredOrganization` = **ESB** `RegisteredOwner` = **Mustermann**
7 **oobeSystem**	Microsoft-Windows-International-Core	`InputLocale` = **de-DE** `SystemLocale` = **de-DE** `UILanguage` = **de-DE** `UserLocale` = **de-DE**
7 **oobeSystem**	Microsoft-Windows-Shell-Setup	`HideEULAPage` = **false**

11. Stichwortverzeichnis

Der Autor

Sebastian Rolf Niggemeier, Jahrgang 1984, geboren in Hamm (Westf.), studierte nach seinem Abitur an der Fachhochschule Südwestfalen und schloss mit dem Bachelor of Science im Studiengang Angewandte Informatik ab.

Bereits während seines Studiums begann er, sich mit verschiedenen Virtualisierungskonzepten, wie dem ESX Server und Microsoft Hyper-V, auseinanderzusetzen. Die Thematik weckte das rege Interesse des Autors, weshalb er sich auch in seiner Abschlussarbeit mit diesem Thema auseinandersetzte.

Der Autor ist gemeinsam mit seinem Bruder Gesellschafter eines in Bönen ansässigen Softwareunternehmens. Dort arbeitet er als Software Architekt und gehört damit der zweiten Generation des 1977 gegründeten Unternehmens an.